U0360230

美国
折叠

置身事外的反思与批判

田雷○著

上海交通大学出版社
SHANGHAI JIAO TONG UNIVERSITY PRESS

图书在版编目（CIP）数据

美国折叠：置身事外的反思与批判／田雷著. --
上海：上海交通大学出版社，2023.10

ISBN 978 - 7 - 313 - 28925 - 4

Ⅰ.①美… Ⅱ.①田… Ⅲ.①社会问题–研究–美国
Ⅳ.①D771.28

中国国家版本馆 CIP 数据核字（2023）第 109625 号

美国折叠：置身事外的反思与批判
MEIGUO ZHEDIE：ZHISHENSHIWAI DE FANSI YU PIPAN

著　　者：田　雷
出版发行：上海交通大学出版社　　　　地　　址：上海市番禺路 951 号
邮政编码：200030　　　　　　　　　　电　　话：021 - 64071208
印　　制：上海盛通时代印刷有限公司　经　　销：全国新华书店
开　　本：880mm×1230mm　1/32　　　印　　张：9.875
字　　数：190 千字　　　　　　　　　　印　　数：0001—5000 册
版　　次：2023 年 10 月第 1 版　　　　印　　次：2023 年 10 月第 1 次印刷
书　　号：ISBN 978 - 7 - 313 - 28925 - 4
定　　价：69.00 元

我已经变得不再是我，

可是你却依然是你。

——《千万次的问》,《北京人在纽约》主题曲

欲知后事如何？

且听下回分解。

——中国章回小说套语

序
我的朋友 Sunny

认识 Sunny，是在 2009 年 8 月，我刚到纽黑文的头两三天。

我当时从一家二手店买了几件应急的家具，印象中有一张墨绿色的单人沙发、一张单薄但还算宽大的写字桌、一个落地式的照明灯，还有一张窄到一翻身就可能掉下去的钢丝床。结账后，我正发愁，琢磨怎么把这些家伙搬回空空如也的公寓时，Sunny 出现了，应该是店主把他招呼过来的。他要价并不高，我们很快商定好一个价格，Sunny 就开始动手搬货。我坐在客货车的副驾驶位，没拐几个弯就到了我在 Elm Street 的公寓，对面就是耶鲁书店。

公寓在一座四层木制建筑的二楼，按美国人的规格，那其实是一个一居室，不过最近几年都是法学院的中国留学生租用，应当是为了节约开支，两个同学平摊房租，一个住在卧室（bedroom），另一个住在客厅（living room），空间倒也很宽敞。半年前，我收到耶鲁法学院的录取通知时，正在哥伦比亚大学访问，于是趁春假的工夫来过一趟纽黑文，当时就敲定下由我来续租这个公寓。然而，迄今仍记忆犹新的是，当我飞越半个地球，舟车劳顿抵达纽黑文，拖着沉重的步伐和更沉重的行李，深夜打开公寓房门后，发现因为承租人转手，租房公司按美国规矩要清空公寓，现在这个公寓，压根没有上次我来访时的中国烟火气，里面早已被清得一干二净——我接下来一年的室友，也在暑假回国前将所有能搬的"动产"都先寄存在一处仓库里。最让我无语的是，房东还清理了原来安在客厅那间的"房门"，想来这也是中国学生之前留下的"违建"，被恢复原状了，在这个一居室格局的公寓，我要住的这间只有门框，门户大开。

Sunny 干活是把好手，旧公寓楼没电梯，楼梯也狭窄到让我摆出帮把手的姿态也没必要了，印象中他似乎没费太多力气，就把一件件家具扛到了二楼的房间里。我当时跟在他后面，只见他身手矫健，拿小件家什上楼时甚至一步跨好几个台阶，只是两腿用力明显不平衡，也可以说是他的平衡能力惊人到能把身体重量全压在右边那条腿上，总之是一种有些怪异甚至略显滑稽的上楼姿势，让我想到是不是他左腿受过伤，或者黑人小伙子确实体能惊人。东西搬到位之后，他留给我一张"名片"，制作相当粗糙，上面写着他的名字"Sunny"，然后是他的业务范围还有联系方式，不奇怪，他能干的活着实不少，从搬家到草坪修整什么的，都印在一张淡黄色的卡片上。

没想到大概就是一周后，我又见到了 Sunny。当时是公寓合租的室友回来了，他是法学院上一级的硕士（LLM），新学年是读博士（SJD）的第一年。怎么把他暑假前寄存在外面仓库的公寓"动产"搬回来，是我们首先遇到的问题。Sunny 留下的那张卡片也就派上用场了，我们拨通了他的电话，和上次一样，他开着客货车很快到了楼下，应该是听了我们在电话里的描述，他这次换了一辆更大的车。时间太久，能记起的着实不多，包括那次我们到底按劳给了 Sunny 多少报酬，连个大概的数字也都没印象了。不过返程途中发生了一件事，也许是后来我和室友"反刍"过，还一直记得。路上无聊，Sunny 问我们在耶鲁读什么，然后他非常认真地给我们提出一个问题，哲学和心理学究竟有什么区别？我当时心想，不知道这位黑人小哥怎么会有这个问题，难不成他在哪位哲学教授那里搬过家，或者帮某位心理学博士修理过公寓水电……对于这个很认真的问题，我没答案，室友怎么回答的，我也忘了，但 Sunny 给了一个他的回答，我印象中他说的时候异常严肃，仿佛是自己思考了许久，而答案其实言简意赅：哲学是研究别人的问题，心理学研究的是自己的问题。

那一天，对 Sunny 来说算是财源广进的日子。我对纽黑文这地人生地不熟，室友来了，房间没门的问题急需解决，等 Sunny 把"动产"以及若干件可不算轻便的大件家具摆放到位后，我马上又给了他一单生意，原本以为这活不好做，不过 Sunny 没多考虑就接下了，走之前，他用不知哪里来的皮尺量了一下门框的长宽。他走时是中午，不到两个小时，就扛了一扇门过来了，颜色甚至款式都和公寓原来的风格很搭配，我和室友都被这速度惊呆了，心想这哥们真有一套。不过确实也没有 Sunny 想象中那么顺利，门虽然到了，但尺寸却同门框略有出入，应当是高低的长度超了几公分，而左右的宽度又略微有些欠。显然，这是个问题，但 Sunny 似乎就是过来解决问题的，虽然过去多年，我依然记得他单膝跪地，用一把电锯就在我房间门口开始改装了，当时夏天还没过完，公寓房间不透风，又没有空调，只见汗珠不断从黑色的脸上流下。长度超了，相对好解决，就是锯短；宽度略窄，我也忘了 Sunny 是怎么解决的，总之是耗了小半个下午，门装上了，能关上但锁不上，而且应当是锯门时尺寸没有掌握好，多锯了一些，门装好后贴不到地板，还余有两三公分的一条门洞。最后，我付了 Sunny 两百美元，这个数字应该没记错，因为对那时的我来说这些钱算是一笔"巨款"了。说起来，虽然每次都是按劳付酬，而且 Sunny 讨价还价时也不算客气，但一来二去，毕竟没他就解决不了这些现实的棘手问题，尤其是想到上一年在哥大访问时，曼哈顿那里可没有这样一人多能的黑人小伙，所以那张卡片我一直也没有丢。我就是这样认识 Sunny 的。

　　在耶鲁，我读的 LLM 是一年制的硕士学位。九月开学后，一切就逐渐步入正轨，各门课及繁重的阅读和作业铺天盖地袭来，所幸的是，学院环境友善，同学之间不是非要争个你先我后，用现在的话来说，就是没那么"卷"，我也没有感到无力招架。再说，我自己也有特殊情况，攻读这个"硕士"学位，发生在我的"博士后"阶段，耶鲁法学院虽然众星云集，但我的心神却很是专注，一年读下来，我毕业所需的学分要求，一半以上都是跟着法学院里的两位宪法学教授修读的，一位是布鲁斯·阿克曼，另一位是阿基亚·阿玛。两人相比，阿克曼的亲和力胜出得可不只是一点点，春季学期到来时，我也跟他谈过将来申请 JSD 的研究计划，再往后则是商议教授多卷本鸿篇巨制 *We the People*（《我们人民》）的中文翻译规划。一晃多年过去，前一个没多久就放弃了，后一个还算不负教授所托，在夹缝中挣扎着向前推进，而我也因主持"阿克曼文集"而与学术出版结缘，这都是那匆匆一年无法预期的。纽黑文的夏天刚到，耶鲁的一个学年其实也就要结束了，我还记得最后一次拜访阿克曼教授，知道教授在研究分权理论时特别注重孙中山先生的五权宪法论，我还很有心地送了他一本英文版的《孙中山文集》，他兴致勃勃地带我去了距离法学院不过一个街区的甜品店，我一边吃着冰激凌，一边听他谈笑风生，讲着《我们人民》当时正在写作的第三卷。也是在那次甜品店的交流，我们商定好要把教授马上出版的一本新书翻译成中文，就是 *The Decline and Fall of the American Republic*（《美利坚共和国的衰落》）。离开甜品店时，推门遇见另一位宪法学教授西格尔，阿克曼仍兴高采烈，说一定要在自己挂掉前完成《我们人民》的全部写作，熟悉阿克曼的人都不会对这种"乌鸦嘴"的笑话感到惊讶，我当时立在一旁，也伴以礼貌的微笑。

整整两个学期，我都没有再见过 Sunny，准确地说，是没有碰到什么事情，需要找他来解决。直到学期结束，我开始盘点回国的那段日子，Sunny 又出现了，显然，又有问题需要我照顾他的生意了。先是我收到租房公司的邮件告知，在租房结束前，他们要例行检查下房子的状况。室友是宪法学者中最会做菜的厨子，曾征服了耶鲁法学院前后几届中国学生的舌尖，经过一整年的烟熏火燎，房间里的卫生状况也就可想而知了。思来想去后，我又拿起了 Sunny 的卡片，语音接通后，问他能否帮我搞一台吸尘器，没有一个大功率的玩意，那些残存在长毛地毯里的米粒恐怕是不好一一拣出来的。Sunny 依然高效，当天就扛过来一台吸尘器，为了保住自己的租房押金，我把房间彻底打扫干净，第二天把吸尘器还给 Sunny 时，我原本要支付他"租金"，但让我略有惊讶的是，Sunny 推辞没要，也许是觉得他只是把工具借我用了大半天，自己没有干活。

最后一次见 Sunny，距我要离开纽黑文没几天了。有事找 Sunny，当时我又遇到了一个不小的麻烦，美国租房的规矩真是不可理喻，美国人也不懂变通，既然搬进来时是空无一物的，那么退租时就必须原状返回，即便当时下一位中国租客早已发邮件表示，申明他愿意接纳留在公寓里的所有物件。看着公寓里的锅碗瓢盆、沙发书架、衣柜床铺，住进来时是如何一一添置的，现在就要发愁怎么把它们清理掉了，留在公寓里是违约的，扔到街头是违法的，怎么不违约又不违法地解决这个问题，我又想到了 Sunny，脑海里全盘构思了一个方案。设计如下：就要回国了，临走前请老朋友在中国餐馆吃顿饭，酒足饭饱之际，我会告诉 Sunny，我公寓里还有很多值点钱或许也未必太值钱的东西，他可以支付我一个合适的价格，全部拉走，现在是六月初，只要放上两个月，等八月份学生返校时，这些物件说不定就能卖个好价钱。想好这些，我拨出了 Sunny 的号码，第二天中午，我们坐在了附近中餐馆的餐桌前。

那当然是我迄今为止英语说得还算流利的一段时光了，而且面对 Sunny，我也自觉不需要考虑语法或组织修辞，说出来就 ok。那次餐桌旁，我们到底说了什么，那顿饭吃了多久，我都记不太清了，按照我所理解的中国人待客之道，饭菜总要能有些剩余，后来留给 Sunny 打包带走了。酒足饭饱，所有的铺垫都已做好，我提出了自以为 Sunny 也没理由拒绝的绝妙方案，但遗憾的是，Sunny 的拒绝直截了当，他甚至没有去公寓里搜索下还有没有好东西，至于理由，我不太确定了，也许是那些东西不值钱，也许是他没有地方处理这批货，总之他不收，哪怕是免费拉走，他也没法处理这些东西，除非是我支付他一笔报酬，他把那些家具拉走处理掉。我原本的如意算盘落了空，只能在中餐馆门口遗憾作别，结束了这次失败的"外事"交涉。但问题依然要解决，我记得是在离开公寓的前一夜，趁着夜色的掩护，我把一些能搬动的家具丢在了楼下转弯的一处角落里，用一件"违法"的事作别耶鲁法学院，至于那些实在搬不动没法丢的大件，我只能留在公寓，对于一个穷学生来说，最后的妥协也许就是大不了押金不要了。问题于是得到解决，一半是违法，一半是违约。

那天在中餐馆，我和 Sunny 面对面坐着，我们一定聊了很多，也许你一言我一语未必在一个频道上，但比较符合逻辑的回忆，是我在那里在语言表达容许的程度内滔滔不绝。我过两天就要回国了，你知道吗，国内有所知名大学的法学院聘我做副教授，不过我也许待不了太久，就会回到纽黑文，因为这里的阿克曼教授已经答应我，我要跟着他读我的第二个博士学位……至于 Sunny 说了些什么，我的回忆是零散且很可疑的，我们之间其实没啥可以聊起来的话题，吃这顿饭本来就是我要兜售那个销售方案，隐约记得他问过我一个挺奇怪的问题，好像是中国和俄罗斯之间的关系，我既不知道为什么他对这个感兴趣，也不知道怎么回答。

　　如果只是这样，Sunny 这个黑人小哥想来早就应该从我记忆中消失了，他算不上朋友，或者说他不够朋友，虽然我也有自己的盘算，我们之间就是最简单的雇佣关系，我付酬，他干活。如果真是这样，我也没必要在这里想到这位"朋友"。其实，关于那天我们的交流，只有一个片段让我确切无疑，因为在 Sunny 说出那句话的瞬间，其中的信息像闪电一样击中了对面的我——也是这个片段，让我经常在看到美国的什么信息时会闪现出 Sunny，并觉得略有歉意，在这里把他称为朋友，也隐含着某种轻微的自责。早忘记了话题是如何引到年龄上的，也许是我开了这个头，我劝 Sunny 大好年华，何不多看看世界，这年头来中国闯世界也是不错的选择，我很清楚地记得，Sunny 告诉我，他已经老了，也没有子女，这时报出了他的年龄，也可能是出生年份，到底是多大，我也不记得了，但那应当是一个按各种标准都可以归入老年人的岁数，我至今能从我当时的惊讶中确定这一点。

　　Are you kidding? 我从未如此流利地脱口而出。

　　Sunny 接下来的回复，我也一直没有忘记：如果你不信，我可以给你看证件。

当时我当然连忙拒绝，也就是在这个时候，我其实是第一次用目光端详着对面的他。或许是 Sunny 这个充满阳光的名字，或许就是他干活时利索的身手，又或许是我此前从来没有留意地注视过他，从 Sunny 在那个二手店出现在我眼前时，我就一直下意识地认为他是个黑人小伙，二十多岁，比我略小一点，再引申一下，Sunny 之前于我脑海中的形象，也许就是他开着客货车，穿梭在纽黑文的大街小巷，过自食其力也自由自在的生活，毕竟只要从耶鲁校区往外多走十几分钟的路程，在我偶尔会去的一家汉堡王快餐店周围，也经常能见到那种体态臃肿、无所事事、不那么 Sunny 的黑人朋友。只是在那一刻，当我的目光真正停留在 Sunny 身上时，我才觉察到对面坐着的，确实是一位老人了——我看清楚了，Sunny 贴着头皮的短卷发，其实是花白的，就好像电影《肖申克的救赎》里摩根·弗里曼饰演的"瑞德"；再往下看，Sunny 额头上的皱纹，也不是浅浅的抬头纹，而深得像沟一样。我没有继续盯着他打量，目光转向了旁处。

　　几天后，我由纽约飞回北京，当时正值 2010 年南非世界杯的赛期，在肯尼迪国际机场候机时，机场的屏幕还在转播着好像是德国队的比赛。回来后，在很长一段时间里，Sunny 这个名字没有出现在我的耶鲁回忆中，这个在纽黑文讨生活的老人，当然并不属于那时候我研究的"美国"，当时我所关注的，是美国建国之父们的"山河故人"，即便研究林肯时会涉及黑人问题，但 Sunny 这个黑人也太具体了，和林肯的"第二次重建"没半点关系。反而是最近几年，我经常会想到 Sunny，也会在不同场合讲到他，或许是我最近所尝试讲述的美国故事中，Sunny 有了自己的容身之地，他在新的场景中显得更生动，也更立体，让我可以赋予他以某种意义，甚至我会去想象 Sunny 的人生故事。也是因此，我的回忆，关于那天在那家中餐馆里我们到底聊了些什么，反而越来越混杂了，好像 Sunny 说过自己就出生在纽黑文，但或许是我记错了，非要把他放回到美国的社会史中，以他的年龄估算，是赶得上民权运动之前自美国南方出发的迁移潮的，我为什么会想到这件事，也可能是 Sunny 当时真的提到过……我无法继续回忆下去了，唯一可以确定的碎片就是他是一位孤老的黑人，其他的，我自己也分辨不清究竟是我的真实回忆，还是我这几年各种阅读后把 Sunny 安放进去的脑补了。

　　Sunny 的故事，我也只能讲到这儿，2010 年回国后，我没有再去过美国，Sunny 这个人的面目早已模糊，现在就是出现在我面前，我也认不出来，这么说来，于我而言，"Sunny"更像是一个符号，甚至理解美国社会的一种方法。他代表着美国社会的一类人，你瞧这个人，他终日穿行在没有围墙的耶鲁校园，开着自己的客货车从哲学系拐到心理学院，他见过许多耶鲁的教授和学生，也思考过哲学和心理学的区别问题，但只要我们把美国的社会折叠起来，他就成了一个无法被看见的人，想一想，即便对我来说，如果不是最后想套路他盘下我那些破烂家具，当我还能想起 Sunny 这个名字时，脑海中的画面恐怕还是他步伐矫健地扛着沙发上楼，全身重心却很奇怪地落在自己的右脚上。

他叫 Sunny，生活在被折叠起来因此无法看见的地方。

目 录

序 我的朋友Sunny   i

置身事外

如何打开"美国"这部书？——与"孟晓骏"一起思考   2

为什么美国测不准？——"美国观"的历史批判与重新问题化   24

第二次的相逢——我们应该如何研究外国法律（史）？   57

"虎妈"的另一种读法——狐狸，还是刺猬？   73

再见美国梦——读帕特南《我们的孩子》   95

附录访谈：不能把任何教条当作生活指南   109

山河故人

麦迪逊的"山河故人"   124

在建国的延长线上——马歇尔法院的历史进程   134

建国者已逝，建国者不朽   150

"我们不可能逃避历史"——制造林肯及其限度   165

一九三七：美国最高法院到了最危险的时刻   180

劳伦斯·却伯和他的宪法时刻   195

波斯纳反对波斯纳——为什么从来没有学术的自由市场这回事？   207

你为什么可以不读布雷耶？   244

乘风破浪的学者们——"伟大一代"的宪法课   256

代后记 美国的最大困境是都在制造"愤怒"   275

致谢   291

置身事外

如何打开"美国"这部书？

——与"孟晓骏"一起思考

起明，我隐隐约约有种感觉，

这儿的很多事情，

跟我们过去想的不一样。

——郭燕，《北京人在纽约》第一集

教室里，一名中年老师在讲课，他戴着一副黑框眼镜，身上的中山装略显松垮，口袋别着一支钢笔，黑板上用粉笔写着六个大字：今日美国讲座。

美国的种族歧视永远不会消除。如果一个白人看见三个黑人男子同时进入电梯，他会在电梯门关闭的前一瞬间，逃出电梯。在白人看来，黑人永远是懒惰、无知、野蛮的种族，那么美国的华人呢，总该是聪明勤快吧，但是他们说，华人破坏了当地居民的工作机会。另外……

就在这时，坐在教室后排的一位男同学打断了他，那个年轻人早已摇头叹气老半天了，终于忍无可忍，拍桌子站了起来：

"老师，您去过美国吗？您是从书本里看来的美国吧？"

坐在男同学 A 旁边的，是一位留着长发的男同学 B，这时候站出来附和：

"对啊，老师，实践才是检验真理的唯一标准！"

这挑战突如其来，让讲台上的老师有些措手不及，他有些疑惑：

"你们两个是哪个系的?"

A同学显然不想理睬这个问题,他开始了自己的演讲:

"所谓的American Dream,就是在梦想面前人人机会均等。全世界只有美国能做到这一点!"

老师没有让学生继续讲下去,他以长者的姿态给出了自己的人生经验:

"年轻人,你毕竟too young, too naive!"

A同学果然不吃这一套:

"老师,我一定会去美国的!I find out for myself!"

说完收拾书本,走出教室。

一

这场景,似曾相识,仿佛在哪里见到过?没错,它来自2013年公映的一部电影《中国合伙人》。A同学,就是影片中的"孟晓骏",后来,他如愿以偿,到美国去追寻他的美国梦。还记得吧,他拿到签证,如人生赢家一样昂首走出使馆,高呼"USA, Here I come",门口排成长队的等候者无不投去羡慕的目光,此处确实有掌声。离开中国前,机场送别,电影用男主角"成冬青"的旁白交代了孟的心声:"孟晓骏说,他从生下来就在等着这一天。"还记得孟在走进安检前的最后一句话吧,是,"我不回来了"。

这部电影,英文名翻译成American Dreams in China,银

幕上的角色，包括三位追梦人为之奋斗的"新梦想"，都不难在现实中对号入座，所映射出的比历史还要更真实。影片中有个让全场哄堂大笑的片段，一个学生模样的小伙子，多次被拒签后，喊出了"美国人民需要我"这样的金句，被保安强行带离出场，几年后，我在微信群里见到过用这幕截屏做的表情包，并收藏起来。确实如此，回到改革开放之初，在由党的十一届三中全会所开启的第一个十年，是一个精英在做美国梦的年代，所谓"千万里我追寻着你"。只是在影片中，"孟晓骏"终于还是回来了，人前"载誉归来"，背后却隐藏着一段遍体鳞伤的美国往事，按照整部电影的基调，他，作为"新梦想"的三大合伙人之一，最终还是实现了自己的 American Dream，只不过是 in China 而已。

这场发生在师生间的代际冲突，在整部电影中，属于很容易被进度君跳过的段落；但就我们所要讨论的题目而言，某些线索放在今天可谓细思极恐，既隐藏着历史的进程，也在诉说个人的奋斗。"孟晓骏"当然不是一个人，他代表着"八十年代新一辈"的一个类型，那个"我一定会去美国的"的类型。在那代人中间，"孟晓骏"千千万万，学而优的他们年复一年寻梦美利坚，学术界既是最初的容身所，大概也是追梦抗阻力最小的领域。以这些岁月种下前因，也就有了我们今天所收获的后果——这四十年来，我们读过的美国书，很可能大都来自"孟晓骏"们的手笔，写作或者编译。

一开始，是他们厌倦了，在他们眼中，老一辈的"今日美国讲座"，不过是不分青红皂白地批判一番；继而，他们中的幸运儿，很多想必历经艰辛而不悔，终于踏足美利坚的大地。他们所做的，就是用最宝贵的学术时光为我们展示并营造了一个"美国"，那个当年在我们眼中光怪陆离的"美国"，如电视剧《北京人在纽约》片头，音乐响起，时代广场灯火辉煌，漫天雪花飞舞，曼哈顿岛摩天大楼林立，布鲁克林大桥在晨曦中已经车水马龙，总而言之，那个"在梦里你是我的唯一"的美国（当年的北京又是什么样子，可以参见大约同期播出的《我爱我家》）。结果就是，他们那一代在美国的见闻录，就成为我们这一辈所读的美国书。能到美国去看一看的，毕竟只是少数人，是一个时代的精英弄潮儿；而我们能做到的，就是从这些美国书中"走遍美国"。以林达为代表的美国书写者，在此意义上，都有一个共同的笔名——"孟晓骏"，我们曾经通过他们的书写，不仅是阅读美国，还以美国为方法去理解到底什么是世界、未来和现代化。

但到了今天，"八十年代"已经俱往矣，我们已经步入了一个新的时代。假设我们现在要站在大学讲台上，来一场"今日美国讲座"，要是我们还只能按照"孟晓骏"们的书来讲"今日美国"，比如孟氏第一条，"所谓的 American Dream，就是在梦想面前人人机会均等。全世界只有美国能做到这一点"，这句话，在八十年代可以说得光明磊落，但到了今天，我未必可以说出口，因为我知道美国不是这个样子的——我自己就翻译了一本副标题叫作"危机中的美国梦"（*The American Dream in Crisis*）的书。四十年河东与河西，某种意义上，反而是那位看上去古板僵化的年长讲者说对了，他笑到了最后，终有一天，"孟晓骏"们认识到了自己年轻时的天真——未必是错误。当年长者讲的，"美国的种族歧视永远不会消除"，这话搁在美国学界，不是一个再正确不过的论断吗？在此值得一提的是，影片中客串老师的，其实是北京大学著名历史地理学家唐晓峰教授，唐教授本人就曾在 1986 年至 1994 年留学美国，取得博士学位。西方哪个国家他没去过，作为隐藏最深的彩蛋，他的两分钟客串，以及那句台词"年轻人，你毕竟 too young, too naive"，可谓神来之笔。

时代巨变之后，如何理解美国，成为我们不能尽信书的问题，而在进入这个问题时，我选择同"孟晓骏"一起思考。

二

影片中，"孟晓骏"之所以再也听不下去了，是因为他已经不再相信了。看着讲台上那位戴着黑框眼镜的老教授，孟自己也戴着一副"眼镜"，无形但却有色，美国是批不得的，或者说，任何批评，不过只是故意批判一番。请注意，孟在此时的认识论非常简单："老师，您去过美国吗？您是从书本里看来的美国吧？"这就有意思了，耳听为虚，眼见方为实，书本里的"百闻"不如亲自去美国的"一见"。电影到这里，"王阳"还站出来，给了一记有力的声援，"实践才是检验真理的唯一标准"。这时，孟和王两人浑身上下充斥着年轻人的理直气壮，完全忘记了他们也没有去过美国。仔细追究，最能概括孟之认识论的，并不是"王阳"补刀的那句，而是另一句家喻户晓的话："想要知道梨子的滋味，就要亲口尝一尝。"

亲口尝一尝梨子的滋味，某种意义上概括了过去四十年国人认识美国的方法论。远观不行，从书本中读"美国"如雾里看花，不排除有些书甚至有些教育只是洗脑；只有亲自漂洋过海，才能看得真切，求得真经，获得启蒙。想一想这些年我们读过的美国书，从林达到刘瑜，他们的文字之所以深深吸引并打动整整一代读者，某一历史阶段甚至塑造了文化精英对美国的认识和想象，首先是因为他们是旅美作家，瞧，他们就在美国生活，读书。因为人在美国，也就取得了为我们讲述美国梦的资质。

记得读大学高年级时，那时还是 21 世纪初，林达的美国三部曲成为我的案头书，从《历史深处的忧虑》，到《总统是靠不住的》和《我也有一个梦想》，每一本都手不释卷，几乎读到废寝忘食的地步。当年，林达的美国叙事对年轻学子影响深远，大到可以指引研究方向的选择——后来读研究生时，我投身美国宪法而义无反顾，林达在三联出的三部曲某种意义上也是一剂定心丸。放在当时，林达的叙事有很多闪光点，那些年的读者不是盲目的，阅读本身就是个披沙拣金的过程；但今天回头看，真正让林达走到时代之风口浪尖的，也是三部曲最大的卖点，奥秘在于林达系列的副标题："近距离看美国"。在这三本书中，作者为我们带路美国，其镜头是移步换景的，但机位和焦距却保持不变，所主打的就是一个字："近"，越近越好，直至讲述者把自己同风景融为一体。

说起"近距离"的取景方法，刘瑜也是深谙此道的写作高手，加上她的政治学科班出身，在专业性上远非草根作家林达夫妇可比。但成功之道仍根自于同样的手法，在刘瑜一系列近距离看美国政治的报刊文结集出版时，整本书就叫作《民主的细节：美国当代政治观察随笔》，门道就在这"细节"中，真要看清楚"细节"，唯有"近距离"。在此意义上，林达和刘瑜是异曲同工的。就我个人的阅读体验而言，薛涌也是绕不过去的作者，他的美国写作，大致流行于林达之后和刘瑜之前，在21世纪起首几年，尤其围绕着2004年小布什和克里的总统选战，薛涌的写作，尤其是他对"文化内战"的讨论，令人大开眼界，而他最后结集出版的书，同样是在吆喝"美国政治笔记"或者"美国社会观察笔记"，所谓"笔记"，自我定位就是一种发自现场的报道。

林达的"近距离"、薛涌的"观察笔记"，以及刘瑜的

"细节"，这些讲述美国的写作，都贯彻了"孟晓骏"的方法论，他们终于奋斗到美国，终于亲口尝到了梨子的滋味。而他们的写作之所以取得巨大的成功，一时间跻身国民阅读的爆款，不仅取决于作品自身的品质，还要看时代的风口，在具体的历史进程中，"近距离"的写作手法同当年国内读者的"审美"观是相得益彰的。为什么"近距离"的笔记体，或如林达的写作手法所示范，那些来自大洋彼岸的信札，竟蕴含着打动一个时代的力量，就在于读者相信"近距离"，这里存在着一个"审美"的定律：当年的读者相信，观察者同被观察对象距离越近，则其下笔就越真实，因为聚焦后的显微镜头，是容不得造假的。正因此，那些年占据我们书架的都是"近距离"作品，渴望捕捉生活的细节，抗拒鸟瞰镜头下的简史或跨时段视野的大历史写作。在《民主的细节》一书中，刘瑜就是这样自我介绍的："全书中以讲故事的形式，把'美国的民主'这样一个概念性的东西拆解成点点滴滴的事件、政策和人物去描述"，在此意义上，旅美作家把他们的比较优势发挥得淋漓尽致——现在就让"我们"来告诉你们梨子这种水果的滋味吧。

大众读物要做到风靡一时，当然不可能脱离其据以流传的文化脉络和社会土壤。流行作者要诉诸读者的预期心理，与读者共舞，刺激但不刺痛他们，不可能直接说不，那些来自大洋彼岸的笔记观察，无论笔下的世界多么光怪陆离，归根到底都谈不上观念的颠覆，反而精准地迎合了做美国梦的读者群体。准确地说，那一代"孟晓骏"的美国写作，通过点点滴滴的"细节"叙事，一方面瓦解了一个早已被放弃的"旧"的美国观，另一方面则在构建一个当年风光无限的"新"的美国观，新旧之间的交锋，早在"孟晓骏"站出来挑战老教授时，斗争就展开了它的首个回合。这个被树立起来的"新美国"，其所代表的道路和模式曾被认为终结了历史，一度让全世界精英团结起来的"政治正确"，它道成肉身，如同一尊无法批评的偶像，好像"孟晓骏"年轻时代对"美国梦"的畅想，"全世界只有美国能做到"，那时的他不仅是在想象，也是信仰。

但信仰不再，又会如何？在电影中，"孟晓骏"确实尝到了梨子的滋味，但完全没有想到的是，它苦涩难咽，"我已经变得不再是我"，影片里"载誉归来"就已经是打脸了——走之前，明明说好了"我不回来了"。实践的确在检验，但首先验证的却是长者对年轻人的批判，整整一代，无论是他们作为作者，还是我们作为读者，都有那么一些天真。我们遗忘了"近距离"的取景也隐藏着"镜头"，细节记录也出自讲故事的人，更何况，孟所想象的"人人机会均等"在美国也只是梦，吃梨子的人未必就能"融入"作为观察对象的美国。也因此，就认识美国而言，"孟晓骏"的两分法恰恰是错误的，去过美国的未必就能识得美国的真面目，而书本也有可能是去伪存真之后的实事求是。"近距离"并不意味着讲述者就是无立场的，可以价值无涉地讲述这一切，反而是距离越近，权力越大，一旦镜头聚焦于"细节"，也就意味着更广阔的背景和更深远的历史被遮蔽起来，"近距离看"的另一面就是"屏蔽"。但在这种"审美"文化的笼罩下，"拆解成点点滴滴"的手法就是免检作品，被推定为主观真诚且客观真实的观察体写作，但问题在于，这种讲法，为了一棵树而放弃整片森林，最容易造成古训说的认知错误。

我们以"孟晓骏"为标本的分析到此为止，即便对号入座，也绝不是要做诛心之论。以林达为代表的这一系列近距离看美国，它们的成功绝非浪得虚名，其中很多作品堪称中文写作的精品，其影响力所至，更是打动了一代知识青年。但我们不能想当然地认定他们的作品摆脱了叙事的政治，或者找到了一个在政治上中立的支点。不仅他们做不到，任何人都找不到，归根到底，没有无立场的立场，或者说无立场的立场，本身就是一种立场。从文化政治的角度解读这些美国叙事，就能看到，"孟晓骏"们在埋葬前一套认识论的同时，又培植出自己的一整套方法，两者之间无缝对接。在这里，并不是讲述者私心自用，他们有多少洞见，也就有多少盲区，反之亦成立。准确地说，同样是"近距离看美国"的方法，此前我们能望见的都是洞见，现在却轮到盲区登场了，这是时代的进程要对前一历史阶段的"审美"方法做个清算。

在历史的进程中，谁都不是无辜者，我们作为读者更要自我反省，我们只看到了我们想要看到的"美国"，对于不想看到的，就视而不见，其中的任性远非作者所能享有——某种意义上，"看见的"和"看不见的"也是不断变动的，如同黑屋子里的探照灯，我们能看到什么，关乎操控者把灯光转向何处，没有阳光普照这回事。2019年上海译文出版社出版了一本《看不见的美国》，收入在其市场号召力巨大的系列"译文纪实"中，书名原题是 *Hidden America*，这题目就很值得玩味，"美国"就摆在那里，是谁把这个庞然大物的某些器官给"隐藏"起来了，为什么此前"看不见"呢，为什么现在要"看见"呢，以及为什么我们现在终于明白了还有"没看见"的，甚至是不是还有那些无论如何都"不可能看见"的？简言之，"看见"背后也隐藏着政治学。在此意义上，我们一定要警惕那些起名"看见"的书，所有的"看见"严格说都是虚假广告，如果不首先交代作者之镜头在光影之间是如何操作的，那么"看见"就未必是"启蒙"，也可能是遮蔽、掩盖或议题操控。

在呈现生活的复杂时，文艺工作者往往敏感又敏锐，反而是学院派却后知后觉。《北京人在纽约》的每集头条，就已经道出纽约客对它的爱恨交织，这里既是天堂，也是地狱，但这并未妨碍北上广的精英们当年"千万里我追寻着你"。第一集，在蜗居的地下室里，郭燕对王起明说："我隐隐约约有种感觉，这儿的很多事情，跟我们过去想的不一样"，回到20世纪90年代初，家住北京三环路内和平里的大提琴手王起明，他从前是怎样想象纽约的，脚踏实地之后又发现有何不同？没过多久，在"湘院楼"刷盘子时，王起明就被上了自由市场经济学的第一课，"这里是有钱就是爷，没钱就他妈的是奴才"，但为什么我们当年只看到了钱能使人自由，却没有领会贯穿其中的主奴辩证法呢？又是谁给我们披上了这个"无知之幕"，让剧中人以及我们都相信，大幕揭开后，我们一定是先富起来的，是王起明在发达后所说的"爷"？"格陵兰公司"开工的前夜，王起明关起门来，也许首先他需要说服自己，做了一番论证"剥削与被剥削之间的辩证关系"的就职演说，这个辩证是怎么展开的：他创办了这个公司，所以是"家长"，是"爷爷"，工人们是来打工的，所以"只能是孩子"，工人的"美德"就是"要本分，当孙子"，这样才能"让我成为一个像样的爷爷"，这个爷爷和孙子关系怎么能维系呢，道理很简单，如王起明所言，"谁愿意失业？没人愿意失业吧"。这样的"辩证法"，当年的"孟晓骏"正畅想着诗与远方，他们不会懂，整部电视剧，明明讲了一个妻离子散的伦常"悲剧"，主人公的命运如郭燕在酒醉后所言，"我变不成美国人，也早就忘了中国人是什么滋味了"，但为什么我们当年看到的都是花花世界的自由呢？说到底，还是时候未到。

回到《中国合伙人》里，老教授没有同"孟晓骏"将辩论进行下去，也许他知道，你永远无法说服一个愿意相信的人。每一代"年轻人"都有自己看世界的角度和方法，这取决于他们三观形成时遇到何种激情燃烧的岁月。为什么今天重看《北京人在纽约》，我们能发现很多隐藏剧情，从前满眼的自由、平等和解放，现在却洞悉出其间的压迫、冷漠、扭曲和荒诞，他们最终却发现，外面，其实是一个更大的监狱……变的不是剧本，也不是美国，而是我们自己，是人心，是生活教会了我们，让我们不再如90年代那样对外面的世界无知无畏。

这么说来，这届的年轻人，如要认识一个更真实的美国，就要检讨这些年来文化精英所营造的美国观，尤其要从旅美观察笔记的叙事体中跳出来，意识到"近距离"视角反而容易造成井蛙效应。至于怎么做，首先就是要做新时代的"孟晓骏"，要学会质疑，问一句"您是从书本里看来的美国吧"，更要理解任何书本以及叙事背后都有"看见"的政治学。

又一次，我们到了《中国合伙人》所刻画的那个代际接的时刻，旧观念已经摇摇欲坠，在新一辈的年轻人看来，早已失去了前四十年那无往不利的道德感召力，是时候辞旧迎新了。

三

我们这一辈"八零后"，学术人生都是读"孟晓骏"的书长大的。

这些旅美先行者是怎么讲美国的，又是怎么以美国为模式去规定一个理想社会、宣告历史终结的，是跨世纪大学生当年的"启蒙"核心文本。那些年，我们在这些书中"走遍美国"，渐渐遗忘了要做歌里唱的社会主义接班人，满心想着向美国学习。在"改革春风吹满地"的岁月，检验改革是否成功，一个实践中的标杆就是美国，而所谓改革，在某些人心中，就是要把美国的今天变成中国的明天。其中当然有反复，整整二十年前，1999年北约轰炸我驻南联盟大使馆，让我们这代年轻人亲眼见到什么是霸权和欺凌，但很快，2001年的"9·11恐怖袭击事件"更深刻地改变了我们所处的历史进程，在那个网吧互联网的岁月，我们这一代的文化偶像在网络空间高呼"今夜，我们都是美国人"，那声音自是回肠荡气，要等到2008年北京奥运前后才退出历史的舞台。

法学，作为一个在改革开放新时期重建的学科，知识上的对外开放，既有必要，也是必需。其实，我们根本不用留学，在国内法学院读书，同样是喝洋墨水长大的，成长于欧风美雨的润泽中，法学研究的议程以及学者的思考路径，也早已得到了浇灌，栽下什么花儿，就结出何种果实。在相当长的历史时期，讨论外国法的某某制度并追问其对中国的启示，这种硬性碰瓷的写作，是法学界最常见的套路。读一读这些年法学院的毕业论文，由此检阅法学教育流水线的成品，所谓像法律人一样去思考，大概第一条就是追问外国法对我们的启示，以中国为病人，以西方做医生，除此之外，我们什么都不信。

学法的朋友一定还记得，法学书架上曾有一排排以封面颜色来区分学科门类的书，红色的是法理，紫色的是宪法，黑色的是刑法……这一套色彩斑斓的书，思路也许借鉴了商务印书馆的汉译系列，就是由中国政法大学出版社承担的大型丛书"美国法律文库"。迄今为止，这或许是中国法学界规模最大的汉译工程，空前，很有可能也会绝后。它的编委会汇聚了当年中国法学界最优秀的学者，时间大致就在新世纪的第一个十年，其出版了近百本的美国法学著作，其中不乏体量浩大的案例教科书。"美国法律文库"之所以一时间多少英雄豪杰，并不只是学术自由市场那只看不见的手在调控，它是当年"中美元首法治计划"由学界承担的一个项目，操作模式是我们出力，美国人出钱，某种意义上象征着当年中美之间结成的"建设性战略伙伴关系"。"美国法律文库"的出版说明如下：

> "文库"所选书目均以能够体现美国法学教育的基本模式以及法学理论研究的最高水平为标准，计划数目约上百种，既包括经典法学教科书，也包括经典法学专著。他山之石，可以攻玉，相信"文库"的出版不仅有助于促进中美文化交流，亦将为建立和完善中国的法治体系提供重要的理论借鉴。

千万不要误会，完全没有要批评以上说明及其理念的意思，我曾是这套文库的忠实读者，也有幸在其收尾之际承担起了其中一本小书的翻译。更何况，这段出自前辈手笔的话，读来可谓是恰如其分。在此我们要做的，只是以它作为一个历史进程中的文本，捕捉蕴藏其中的一个时代的精神风貌。某种意义上，话说得越恰当贴切，越表明它是某个具体语境中的集体无意识：翻译美国法学经典，是"为建立和完善中国的法治体系提供重要的理论借鉴"。以外来的高水平理论为借鉴，提高中国法治建设的知识水平，对于这个判断，我们没有必要在规范意义上分对错，真要论，这句话也无可厚非，现在一如当年，"他山之石"的存在对我们认识并改造自己都有意义。

但意义不能笼而统之，要做具体的分析。时代早已是今非昔比，那么我们的思维能否与时俱进？在这个问题上，让我自问还有一两分发言资格的，并非基于我个人的专业研究，生活在现代学术体制内，学者往往只要在一个领域内埋头种地就行，不用抬头看天；而是我这两年来无名却有实的出版经验，无名，指的是我当然没有出版人资质，有实，是说要从茫茫英文书海中选书，判断哪本书值得翻译过来，学术价值多大，社会效益如何，市场潜力怎样。同个人的专业研究相比，选书是一种相当不同的经验：要"乱读书"，大部分为了出版策划而翻开的书，浅尝辄止即可，同时要对读者的口味以及社会的风向保持敏锐的体察，说到底，这是对读者而非同行负责的阅读。选书经验不断累积，我也形成了一个更为确信的判断：美国书不是不读了，还要继续读，但读什么以及怎么读，都要做一次思维的反转。

此前，我们读美国的书，是为了从中拿起美国的理论，以之为武器去改造中国的现实。这种恨不得把中国变成美国的改革方案，现在看来正是不得走的改旗易帜之邪路，但当年在学界却大有市场，一度通行无阻。那么现在，读美国的书，就是要用美国人的自我批评作为镜鉴，来正一正我们自己的衣冠。同此前四十年相比，可以说是反其道而行之，读美国书，不是为了做美国梦，而是为了防止我们也患上美国病，为了在为时未晚前动手医治我们可能已经患上的美国病，为了让我们的明天可以远离美国今天的困局。在此意义上，"美国"，一旦为我们所重新看见，也构成了我们的一种方法论，也就是说，正因为美国在某些方面的"发达"，它已经把问题活生生甚至血淋淋地呈现出来，这样的美国构成了一种可做人类学观察的社会样本，让我们可以知道要对什么"说不"：不能怎么改，有些制度不能改，以及有些改，非但不能让机体更强健，反而是在革自己的命。

感谢美国高度发达且精致细分的图书市场，只要走马观花过一遍，就能看出某些此前为我们视而不见的议题近年却能浮出水面，成为市场的卖点和社会的焦点。美国梦早已流失了它的本土资源，举目可见的，是"不平等"及其衍生的种种问题，这个世界还会好吗，不再是盛世危言，未来已来，它甚至比想象中的还要更糟糕，这大致是美国朝野各方的共识。当然，作为现状的"不平等"应如何讲述，包括它的前因和后果；它是政治问题、经济问题，还是社会伦理问题；以及何种平等才是应追求的，在美国本土可以见到五花八门的论述。姑且这么说，美国这些年已经失去了此前的道路自信，如果说他们曾经最热衷散布"中国即将崩溃"的论调，那么现在则将批判的枪口对准自己，看看美国近期出版的新书，大面积都是唱衰美国的危机论，也是在这种行情下，我曾经开玩笑说，这年头美国学者如果不出本书把美国批判一番，都不好意思说自己还有独立精神自由思想。

2016 年下半年，《我们的孩子》中文版还没有问世时，曾有一位出版界的朋友对我断言，这本书在国内市场不太可能受欢迎，因为它在讲美国的不美好，而美国又怎么可能不好，读者不答应。现在回想起来，就如同电影中的"孟晓骏"。这里无所谓谁对谁错，只能说明世道在变。而在新的时代尤其是贸易战到来后，美国不再是梦，而构成一种让我们反观自己的方法，如果说当年国人眼中主要看到了美国那"天堂"的一面，也许现在是时候，让我们揭示"地狱"美国的一面了。美国作为一种方法，可以展示出一个高度发达的资本主义国家和个人主义社会的种种病理，由此成为我们一心一意谋发展的"导师"，我们要提醒自己，无论如何都不能让自己变成当初讨厌的那副样子。美国摆在那里，意义就在于让我们知不可为。

为了避免不必要的误解，我还是要多交代两句。我们将美国作为一种知不可为的方法，当然不能反过来就推定我们假设中国是尽善尽美的。中国当然有很多问题，但在继续深化改革的道路上，知道什么是万万不能做的，其意义甚至远大于知道什么是可以或应当做的，因为改革牵动千家万户，有些改革是不可逆的，改了之后就改不回去了。也不能就此断定我们认为美国就是一无是处。很多方面，美国仍有值得我们认真学习之处，哪怕只是为了师夷长技，更何况，上一阶段的改革没少经历过以美国为师的模式，也因此在相关领域内患上了美国病，也许美国已经久病成医了呢，现在则解铃还须系铃人。但无论是知不可为，还是知可为，怎么认识自己，怎么认识世界，最终都是中国自己的事情，都要由我们自己来规定，所谓主体性，意义也就在这里。

四

在现阶段，如何认识美国，最后总结并延伸一下我们的讨论。

第一，认识美国，尤其是看见那个此前不为我们所见的美国，在许多此前的美国研究被实践表明百无一用之后，更显迫切。因此，我们要继续读美国的书，在知识心态上不可闭关锁国。

第二，读美国的书，不能拿来主义，要有自己的主体意识。切不可认为写在英文书里的就是大写的真理，不能尽信书，社会科学都有各自的本土语境，尤其要意识到美国社科学者的论述同样有其政治性。比方说，若是你听过薛兆丰先生的课后，非要从他毕业的乔治·梅森大学经济学那里寻找自由市场的论据，我不能说这就是错误，但确实存在着偏差，大致类似于我们中了一个课题然后必须按照要求来完成，异曲同工而已。

第三，以美国为方法，此前我们是要知可为，那么现在则变成了知不可为。在这个问题上，我们都要心态更放开，不虚美，但也不隐恶，实事求是地理解一个复杂的美国。近年来，国内出版人往往销量当先，引进了一些在美国政治文化中属于吵架的书，但须知美国也是流量当道，甚至在出版界只多不少，这些书读起来也许很过瘾，读一本一时爽，但读得越多，最终就是各种嘈杂声音混成一片。我建议，出版界接下来减少引进这些美国人关起门来自己吵架的书，在此给出一个略显粗暴的简单办法，也许在美国 amazon 上点评数在 500 条以上的论政书，十之八九都是吵架的。与之相关，我也遗憾地看到，某些原本在美国语境中带有社会批判维度的严肃作品，却在我们出版界的妙手下，包装成安抚心灵的鸡汤书或激发焦虑的经管书，就此而言，出版人应当承担起更多的社会责任，要相信站着把钱挣了也不是不可能。

第四，不仅是读美国的书，我们还要把美国当作一部书来读。美国这部书不好读，之前我们之所以引进了太多似是而非的知识，在真刀实枪面前不堪一击，就在于我们不过走马观花。西方国家是去了一些，但往往听其言就信其行，坎布里奇逛过一圈归国后就成为权威，到处可见"兄弟我在哈佛的时候"这种自命不凡的开场白；甚至就在刚才，我还在朋友圈里看到某高校大张旗鼓，宣讲所谓"海外引智"的项目。把美国当作一本书来读，就是要听其言，更要观其行，在此意义上，未来的美国研究者都应当首先是"人类学家"。

第五，在目前国内的一流高校中，有着这样一批学者，他们好比国际学术界设在国内的分舵，写作英文文章，发表国际期刊，中国只是案例或素材。何不如此畅想，不远的将来，我们也有了著名的中文学术刊物，就叫《美国季刊》（*The America Quarterly*）吧，这刊物影响因子高得很，因此在全球高校评价体系内权威极重，就是为了能在这份刊物上露个脸，美国不少学者不惜时间学习中文，把他们原本的美国研究首先贡献给这个中文的刊物，据说因为用中文写作极其困难，非经年累月之功力不可为，美国多家常青藤盟校设立海外发文项目，为本校学者的写作进行中文润色。为了掌握中国的美国学研究前沿，美国学者纷纷来华访问，有时候拖家带口，对他们来说，这是个机会，让小孩子打小就能学中文。

这个梦想，当然很遥远，但如果你觉得它荒诞不经，那只能说明，你在上一个由美国所规定的梦中沉睡得太久了。醒一醒！

为什么美国测不准？

——"美国观"的历史批判与重新问题化

让子弹飞一会儿。

——姜文：《让子弹飞》

那如幻的灵光逃到哪儿去了？

那光荣与梦想，如今到哪儿去了？

——威廉·华兹华斯[1]

如果把美国比作一部书，那么这部书眼下对于我们来说是越来越难读了。

身处人人皆可发声的自媒体时代，网络上最不缺少的就是各种关于美国的信息、意见和立场，但在舆情喧嚣的表象之下，"美国怎么了"却成了我们这个时代的一大困惑。刚刚过去的"历史"似乎走出了一道大转向，而我们此前的美国观再也经不起新的时势的逼问，无力解答此时此地观察者的困惑，一整套温驯的学术范式无法维持其公信力，其持续已久的历史使命也行将完结。然而，旧的已去，新的却还未及确立，又一次，历史的发展走在了历史书写的前头。之所以出现"美国怎么了"的认识困惑，归根到底在于一个不断变化的美国本体和一个经久不变的美国观之间的矛盾。20 世纪 90 年代的电视剧《北京人在纽约》曾风靡一时，其片头曲《千万次的问》也传唱大街小巷，借用其中一句歌词"我已经变的不再是我，可是你却依然是你"，如果说前一个"我"可比作上述认知矛盾中的美国本体，那么后一个"你"就是我们头脑中还未来得及与时俱进的美国观。

一

当前中文世界内关于美国的叙述看似纷繁复杂，究其路数则可以一分为二，各有其自身的逻辑、平台、听众和判准。具体地说，第一种路数走的是大众路线，其典型叙述可见于不少自媒体的日常推送。以某顶级流量的公众号为例，在从特朗普到拜登的政府交接周期内，诸如此类的表述反复出现在推送文章的标题中："美疫情已彻底崩盘！"、"美国已到无药可救的局面！"、"这也是美国的大反噬噩梦！"、"连他都没想到，美国竟沦落到如此地步！"、"再顶不住，美国要出大事！"[2] 作为一种类型，这种美国叙述重复着一种美国危机或崩溃论，而在流量为王的自媒体平台上，以耸人听闻的标题党来宣告崩溃，以语不惊人死不休的行文方式来贩卖危机，可以说是吸引眼球的不二法门。于是乎，此类时政原创的美国叙述虽然极少见于文化精英的朋友圈，但却经常能够成功打动更广阔天地内的大众，天文数字量级的阅读量即是最好的判准。

面对着美国崩溃论在网络空间里所聚集的流量巨浪，最不为之所动的也许就是以研究美国历史为业的学者群体了，就此而论，他们专业的美国史研究和写作构成了第二种路数。近期举行的一场美国史专题的学术研讨会为例，在中间主题为"美国社会问题与社会抗争"的单元里，与会学者提交的论文有《19世纪晚期美国农民对"乔治主义"的接受与扬弃》《捍卫"美国特性":"例外论"与19世纪美国对外来移民的排斥》《母婴保护与政府责任:美国母婴保健事业发展与联邦政府的介入(1912-1921)》等。而在另一场"美国社会政治变迁"的单元里,会议讨论的文章还包括《跨大西洋视野下的美国早期商业公司及其政治争论》《邪恶教义:洛克纳案如何在美国历史上被污名化与被利用》等。[3]仅从这些论文的选题来看,在这个原先稳固的一切都摇摇欲坠的巨变时代面前,美国史的研究者表现出极强的"专业性",外部世界的纷扰看上去对他们的写作没有产生明显的触动,虽不排除学者内心的焦虑和困惑,但当他们转到专业化的论文写作时,两耳不闻窗外事似乎成了他们追求的境界,故而他们在论文中的美国叙述保持着某种惊人的冷静和定力,似乎美国一如既往。然而,问题在于,当时代不以任何人的意志向前奔流时,专业定力的另一个面向就显得封闭甚至有僵化之嫌了。

问题于是出现,概括地说,以上两种路数是互为镜像的。不仅是标题党,大众传播的逻辑还要求短平快,追求麻辣烫。热点一来,等不及子弹再飞会儿,稍慢一点就会凉了;文章也不能长,很多所谓"爆款"文章开篇就会告知多少字,几分钟内能读完;然后写作要多些大胆假设,而无须小心求证,当然更谈不上学术写作所要求的规范和格式。而反过来,对于美国史的专业学者来说,好的学术论文正是要避免以上任何一种写作的套路。而抛去写作路数的对立，回到上述的形成"美国怎么了"这类问题的认知矛盾中，两种路数一方面各执一端，另一方面也有着分歧之下的某种暗合，它们的写作者各自以其不同的方式失去了历史感。第一种路数鼓吹美国崩溃论，它所呈现出的美国是没有历史可言的，若是把这种"偏见"当作美国的全部真实，那么构成美国的，就是一个接着一个的危机，一次连着一次的崩溃。在这类写作中，引用明星学者福山也许已经到了文献的天花板，而美国的历史再纵深也只能上溯至特朗普。简言之，这种路数中的"美国"没有历史，没有常态，也没有规范，所有的似乎只是当下、混乱和崩溃。至于第二种路数中美国史学者的专业论文，学者以专业化和规范化的名义把自己关在书斋里，外部世界天翻地覆的变化对他们的研究议程没有影响，甚至本就不该有影响，他们的写作往往聚焦于美国历史发展中的某个"过去"，似乎只要让自己的研究封存在某个"遥远过去"的历史分期内，就等于搭建起了某种抵御现实万变的防火墙，也正是因此，这些专业史家所缺乏的是作为历史研究者或书写者所必要的历史感，他们并没有立足于写作时的这个"当下"来调整自己的研究。面对着现实凶猛的历史潮流，他们太慢了，太傲慢了，也可能是无所适从，于是注定他们在这一阶段对美国历史的研究是悬浮的，也是轻浮的，在写作时，他们笔触的一端停留在某段遥远的过去，但另一端却是悬空的，没有扎根到写作者身处的当下语境。

问题在于，这种保守的路数最终会让美国史的研究走向僵化，面对着时代所提出的"千万次的问"——美国到底怎么了，最终的结果很可能是越专业就会越失语。这种基于专业惯性的谨慎就会导致不作为，也在很大程度上为第一种路数的野蛮发展留下了足够的空间，专业学者不去或者无力去占领的，就要留给他们所看不到或者看不惯的营销号或段子手，正是因此，我们在此将尝试反思美国史研究在当下所可能的突破口以及新生长点。

简而言之，如果我们以特朗普的"崛起"作为美国历史的一个节点，那么美国崩溃论作为一种路数，其历史的上限基本上就是特朗普，而美国史专业的学者则反其道而行，似乎特朗普从未出现——把自己的眼睛闭上，我的写作仍可按部就班。两种路数在形式上相互对立，但都缺乏某种历史的态度，前一种把历史压缩为平面的当下，连让子弹飞会儿的距离都要切除掉，而后一种则躲在某个僵硬的历史过往内，似乎历史一经过去就能终结在写作者的笔下，如果整个美国史学的学科共同体都无法反思这个问题并找到某种新出路，那么我们的论文即便发表了，注定只能是朋友圈的转发和点赞而已，而在此之外，就是爽文暴论的地盘。

二

曾经一度，在理解美国这个问题上，我们是很有"理论自信"的，也就是说，中国的文化精英，包括美国史的专业研究者，都曾认为自己是很懂"美国"的。毕竟，在相当长的一个历史阶段，我们在研究美国或者做美国研究上是下了很大一番功夫的——读了形形色色、姿态各异地介绍美国的书，很多人还亲口尝到梨子的滋味，有机会赴美交流，近距离看美国；对于以美国研究为业的学者来说，他们还写了或者翻译了大量的作品，更年轻一代的史学者在研究中追求对一手资料的占有和使用，学术判准进一步得到提高，要像美国本土学者研究本国历史那样去研究美国的历史。如果要给这种很懂美国的"理论自信"找一位代表，最为形象的莫过于电影《中国合伙人》中的孟晓骏，在那部电影开场后不久，就是因为自信，孟晓骏这个角色同一位老教授发生了一场戏剧性的冲突，结果就是他大义凛然地宣告了一个"美国梦"的理念，面对批判美国种族歧视的教授，孟晓骏说出了一段经典台词："所谓的American Dream，就是在梦想面前人人机会均等。全世界只有美国能做到这一点！"然而，如果说这种美国梦的自信确曾发自内心的话，那么时至今日，当年感叹号可能要变成好多问号了。只要扫一眼最近几年的图书市场，看看我们在看些什么，不再是《光荣与梦想》或《民主的奇迹》那种自信范儿，取而代之的是某种普遍的困惑，如《美国真相》、《重新认识美国》、《看不见的美国》以及不止一个版本的《美国怎么了》。而凡是"美国怎么了"之类的困惑，其实就源于我们先前的美国观已经无法经得起新现实的检验。在这里，如果把美国观比作一副眼镜，那么这副眼镜在戴上之后，一方面让我们看到其视野内的风景，另一方面也意味着对视野之外的屏蔽。之所以我们下了这么长也这么久的功夫，事到如今却发现仍有有待重新认识的真相，仍有一个为我们此前所未看见的美国，就在于美国观的这副眼镜——孟晓骏戴上了机会平等美国梦的眼镜，当然就无法接受老教授所描绘的种族歧视，反之也亦然。那么这副美国梦的眼镜是如何戴上的，就是本部分所要予以探究的。

首先应予明确的是，并不存在着一个一贯正确、全能全知、政治中性的美国观，事实上也从来没有过完全定于一尊的某个美国观。任何一种讲法的美国故事，包括前一阶段流行的近距离观，[4] 都无法摆脱某种作为前见的美国观。想一想，当我们选用中文中的"美"这个字眼来称呼太平洋彼岸的那个国家时，我们的前见就已经存在了，反之，也如当前网友会用"漂亮国"来做调侃或揶揄一样，"正名"本来就是一种深刻且隐蔽的态度表达。也正因此，对于本文的探讨来说，所谓美国观，必定是某种具体的、生成于某个历史阶段、得到其主流的政治意见所检验的文化建构。一旦如此理解，美国观就不只是三五学者在书斋里的闭门研发，而是某个占据支配地位的政治文化力量在长时段内的理解和想象。它是复数的，但也不会分裂至百家争鸣，在任何一个具体的历史阶段，总有其主流和支流；它是稳定的，但也要与时俱进，当它所附着的时代本身走向结束时，它也就是无源的枯水了。在此意义上，追寻当前美国观之来龙去脉，只是在专业领域内的学术文献辗转腾挪是不够的，还必须要回归到历史行程和社会文化之本身，在此继续拷问电影里的孟晓骏，当他发出美国梦的宣言时，时间应当是在上世纪的 80 年代初，也就是改革开放历史时期的起始阶段。某种意义上，电影的英文名 *American Dreams in China* 真正点明了这部电影的情节和情结，也映射出了那个历史时期精英群体的渴望和追寻。跟着电影情节的推进，孟晓骏略经挫折后还是去了美国，时代再前进，80 年代的孟晓骏就变成了 90 年代《北京人在纽约》中的王起明。如果我们把这个曾经风行的美国观凝聚成所谓的美国梦，以美国为梦，那么美国史学者在相应阶段所进行的专业写作不过只是这个时代潮流上的浪花而已，我们今天检讨这段往事，应当首先意识到学者的有限性，无端夸张学术在这个历史行程中的作用，也是一种僭越。

站在一个更新的历史时期的开端，前面即将到来的日新月异无从得知，但过往却缓缓水落石出。现在的我们等于走出一段历史之后再去回看这段历史，一切就清晰起来：这个以美国为梦的美国观，其实是嵌入在自 1978 年所开始的改革开放历史时期的，并且随着这个阶段自身的起承转合，而相应地走出了自己的历史轨迹。对于行进在这一历史时期的美国史学者来说，他们的研究首先是时代的产物，大的政治决定了他们写作的可能范围或禁区，至于这些学术作品的力量或者无能为力，它们所打开的新视野或者自觉不自觉所做出的掩饰，都不仅取决于学术作品本身的品质和能量，它们既要接受学术标准的检验，同时也不能或者不可能去违背历史行程本身所划出的可能范围。在某种意义上，在国别史或者世界史的版图内，美国历史的研究从一开始就是不一样的，不只是单纯体量上的庞大，它有着其他国别所不可能获得的"关注"，但关注有时意味着随运势而至的推动力，有时却意味着需要不断闪避的障碍，尤其是对于很多更纯粹的学者来说，关注就意味着某种干扰或者干预性的指引，就意味着无法静下心来，无法做更长远的规划。

曾有美国史研究的前辈学者在文章中写道："同其他学科和研究领域一样，近40年来国内美国史研究的种种变化，无不与改革开放的进程息息相关，同步共调。"[5]——这是一个概括性的论断，表述得也非常精确，出自一位权威学者的笔下。在追溯美国观的形成时，一个发生在时间起点的历史性交叠很能说明问题：改革开放历史的展开，起始于1978年岁末的党的十一届三中全会，而在整个国家政治生活的大事记中，紧随其后的就是1979年元旦的中美建交，连接着邓小平从1月28日至2月5日对美国的国事访问。[6] 也就是说，四十多年前，中国的对外开放其实就是一种对"世界"的重新进入，而这一变革作为一种现代化建设的外向战略，当然就要求当时从精英到大众要重新睁开眼睛看世界，也因此，一个在当时新的美国观的形成，各种影响深远的美国故事的讲述，也包括美国史学者的专业论述，其实都是内在于改革开放的时代进程的，若是仔细进行回溯，也应当保持着某种历程上的"同步共调"。如此说来，我们才能理解一种多少不合常理的反常所在，此前真正对大众承担起时代启蒙之功的作品，往往很少来自精耕专业的美国史学者，真正的弄潮儿，基本上是旅居美国的近距离观察者。

在访问美国时，邓小平曾经讲过："美国人民二百年来艰苦创业，实现了工农业和科学技术的现代化……你们有许多东西值得我们借鉴，我们愿意向你们学习。"[7] 在《邓小平年谱》中，这句话出自 1979 年 2 月 1 日的条目，事实上，了解并学习美国也是邓小平亲口所说的访美使命之一，也即"了解美国人民，了解你们的生活，了解你们建设的经验，学习一切对我们有用的东西"[8]。邓小平作为党的第二代领导核心，是改革开放事业的总设计师，关于中国在当时应以什么样的方式来面对美国，没有比他更权威的论述者，自此后，国内的美国研究也就承担着"了解"的使命，完成了某种面向美国的拨乱反正，以一种重新理解的方式来构建起中国的美国史叙述。对于在这一过程中所出现的优秀学术作品，我们在今天仍应保持一种温情和敬意，这才是一种对史学研究的历史主义态度。反过来说，脱离语境而评断史学的著述，反而是一种历史的虚无主义。尤其是在我们当下这个"平视"美国以及西方的时期，不再仰视，也戒除了迷信，但这并不意味着我们全盘否定此前历史时期所积累的成果，这里面不是非此即彼的，我们所能断定的只是美国史研究不能再这样一成不变，它需要建立起一种与新时代的连通，在此基础上打开新的视野，与从前的模式交叠在一起以形成新的综合。

三

中国改革开放的历史大业，其中包括的线索之一就在于面向美国、了解美国并择其善者而从之。当然，这里的"学习"从来就不是全盘西化，如邓小平最初所言"学习一切对我们有用的东西"，所谓"对我们"，这里就包含着一种独立自主的地位，自力更生的精神，为我所用的方法，乃至"师夷长技"的策略。在当年打开国门之后，要实现美国史研究的再出发，闭门造车显然是不可能的，对于当年的美国史学者来说，只有虚心求教于美国本土的史学，才能担当起启蒙国人看世界的重任，于是就有了学术上的走出去和请进来。换言之，中国的美国史研究在改革开放时代的重建，也与同时期的现代化建设战略一样，是从承认自己落后开始的，故而也没有必要否认，在很长一段时间内，中文写作的美国史著述都在追求某种模仿，学者在写作时欠缺立足于祖国大地的主体意识。

也就是说，美国史研究在中国，研究者是我们自己，然而"学制"在很大程度上是移植而来的，是美国制式的。美国史学界如何处理自己的国史，其一招一式，都深刻地影响着我们对美国历史的研究，我们甘于某种追随者的位置，渴望的是美国本土学术界对我们的承认，即便承认的内容是我们终于有了同他们进行平等学术对话的能力。对于美国史学者来说，这种"美国制式"无疑是一种学术上的文化霸权，不仅支撑着鉴别具体研究之优劣的判准，比如能用英文进行交流、写作和发表显然是技高一筹的，甚至它经由专业化的学术训练而构成了学者身份的认同，只有经过这种制式的文化洗礼，新一代的学者才被认为取得了某种专业资质，就此而言，这种身份认同也是排他的，构成了美国史研究文或野的区分。进入到美国史作为一个学科的内部构造，我们可以发现，美国本土的学术风向就好像是风，在此不带任何价值判断地说，只要大洋彼岸的风一吹，国内的美国史研究就难免迎风摇摆——美国史的写作到底要关注什么，哪些主体位于舞台的中央，哪个流派是正统，哪些人物是权威，整个领域的美学趣味基本上是舶来的。而对于本部分的论述而言，我们接下来所要关注的，尚且不是各领风骚一代人的方法问题，而是某种更稳固的美国史地层构造，也就是美国史的分期问题。

历史的分期从来都不是在时间的直线上进行简单的切割，它不是一个几何问题，如何为一国进行历史分期，也不是历史学者有权垄断的问题。对于历史研究来说，通过分期完成"断代",学者就有了自己可以精耕细作的领域,当然,任何一种分期的背后都站立着相应的某种史观,是对历史行程中的连续和断裂的一种想象式构造,它一方面呈现可供学者去研究的诸多问题,另一方面也用这种断代史观来排斥了不一样的探索以及想象。相对来说,美国的历史并不长,也因此更容易"通",但美国史的内部仍有分期。以我熟悉的宪法史为例,布鲁斯·阿克曼教授在其多卷本经典《我们人民》中就提出了一种三段论的分期法:美国宪法在其发展历程中共经历三次"宪法时刻",分别是联邦党人领导的建国、共和党人领导的重建、民主党人领导的新政。每一次的宪法时刻,都意味着人民的登场以及宪法秩序的转型。作为一位宪法学家,阿克曼的分期方案自有其深意:既然上一次宪法时刻还是由罗斯福以及新政民主党人所开创的,那么新政自由主义以及民权运动时代的宪法变革就仍是美国的根本法,是后世不可轻易变动的祖宗之法。[9] 同样,王希教授的美国宪法通史巨著《原则与妥协》,20 多年来先后出过三版,不仅开拓了美国宪法史属于中文世界的研究领域,而且树立了一个学术著述的标杆乃至短期内难以超越的天花板,也是在这本书 2014 年第三版的新增序言中,王希教授将一整部美国宪法史划分为三个历史阶段,分别称之为原始宪政秩序、第二宪政秩序、第三宪政秩序,其起止时点大致相当于阿克曼的三分法。[10] 不仅是为何以及如何分期,分期之后,学者就会根据自己的题目找到自己所属的分期,或者在确定分期之后来寻找题目——历史分期和研究主题之间总是存在着某种匹配。我们可以设想，假如一位法学院的博士生要研究美国的联邦最高法院，那么二战后的沃伦法院时代就会很有料，也可以是反向操作，一位历史系的博士生要研究美国的民权时代，然后很容易就会发现最高法院的大法官很有戏。前些年中国学界曾对美国的进步主义时代多有关注，不限于史学，很多学科都把目光聚焦于美国 20 世纪之交时在各方面的自我革新，说到底还是为了追求某种"进步"的药方。[11] 以我个人的研究为例，我之所以对美国内战前的宪法史下过一番功夫，就在于我要思考的是一种基于建国者的宪法、而又能跨越世代的政治秩序最初是如何形成的。[12] 若是与这些高光时期相比较，有些历史分期自然是处在隐蔽角落里的，如美国 19 世纪的 30 至 50 年代，也即夹在建国之父和林肯之间的历史时期，就好像是两座历史高峰之间的一段低谷，历史叙述的主线似乎就是等待着一场内战不可避免的到来，当我们用"内战前"去标示这段历史分期时，它也就失去了自己本身的意义。再往后包括美国自激进重建结束到进步主义时代开启，也即 19 世纪的大约最后四分之一，也像是一个难以理清头绪的时期，它为我们所熟悉的名字是"镀金时代"，来自马克·吐温的同名小说，如此看来，似乎它的历史意义就在于为即将到来的进步主义运动提供一个疾病缠身的社会，还要等到罗斯福新政才能完成这次循环最终的拨乱反正。

而在美国史的叙述中，有一个问题虽然普遍存在，但在此前却似乎少有人去思考，它可以表述为：一部美国通史，无论其内部做何种分期断代，它的整体时间下限要设在哪里？如果我们把历史界定为已经过去的事，其时态为过去时，那么这个"过去"和"当下"的分界线在哪里？或者说得再通俗一些，当我们叙述美国的历史时，讲到哪个时间节点就不能再继续了，再往前走，就从过去式跨到了现在进行时，走入历史学测不准的范围了？当这样提出问题时，一个简单的作答可以是，所谓通史，自然就是由"始"通到"终"，而凡是在当下之前的，都属于已经过去的历史。根据这种理解，所谓"当下"就是某个说时迟，那时快的瞬间，在这个可以压缩到忽略不计的时点之前，都属于可以历史化的过往。这个办法在逻辑上可以讲通，但在现实中却难以操作，事实上，历史学家必须要在"过去"和"当下"之间设置某种或长或短的缓冲地带，如果把当下比作今天，那么史学家最好不要研究昨天刚发生的事情，昨天之前才是相对安全的。如是说，美国通史到底贯通至哪个时间下限，本身就是重要的史观问题，其意义或许超过了在历史内部的横剖纵切。

　　对于国内的美国史研究来说，"通史"并没有贯通至眼下，其时间下限甚至相当靠前，若是隔离出美国史研究者给自己的领域所设置的缓冲地带，它的厚度也许远超我们的想象。而如果非要为这个从历史跨越至当下的分水岭标出一个大致年份，也许我们可以从 2021 年向前推 50 年，似乎就在进入 20 世纪的 70 年代之后，美国历史跨入了它在历史学者尺度内的"当代"，由此所开始的数十年历程，仿佛是美国两百年历史所拖着的一个尾巴，于亲历者而言，它尚且无法凝固成一段水落石出的过去，仍是活的现在。于是，自 1970 年以来的美国，时至今日就构成了一段厚度约半个世纪的"缓冲区"，构筑出美国史研究在中文世界里的某种时间下限，跨越这个界限，就进入历史测不准的区域，而且越是接近当下，历史的行程就越是无法落地——很有可能，最终让一项研究翻车的，并不是研究本身的错失，而是未来的猝不及防。公允地说，这么长的"空白"存在，史学者并非全责，因为研究历史本身就要求至少一点儿的迟滞，要让子弹再飞一会儿，更何况中国学者研究外国的历史，势必无法摆脱某种相对于本土进度的"时差"，就此而论，我们还要去考问我们所持有的这个美国观最初形成的语境。

其实并不难理解，设定你自己是一位美国史的青年研究者，改革开放之初，你走出国门，到美国留学，那么很大概率，你的美国导师出生于新政之后，成长于民权时代，在 70 年代取得博士学位后进入学术界，继而在 1980 年前后用一部开拓性的著作奠定了自己的学界地位，就此而言，新政后的这一代学者的学术写作以及创作背景在很大程度上决定了我们此前的视野。对于那一代美国学者来说，他们最多产的学术时光正逢美国世纪鼎盛时，故而将论文写在自己的祖国大地上，就能成其为大，现在回头去看，那一代学者在很多领域内仍限定着我们对美国的理解，罗尔斯之于政治理论的构建、达尔之于美国民主的分析、帕特南之于美国社会的诊断、方纳之于美国历史的叙述、阿克曼之于美国宪法史的再发现[13] ……很多时候，我们所做的其实只是在他们所开拓的领域内进行某种修缮或接续，在学术的语境内，这么定位自己并非就是妄自菲薄。如此追根溯源，则我们所持有的美国观出现在 80 年代的思想和文化语境中，而它所根据的，如上面简要的一番知识考古所示，于今而言当然是一个历史上的美国，是经由新政四十年后所开花结果的那个美国，若是我们可以将从 1932 年至 1972 年称之为美国的短 20 世纪，我们的美国观所基的大概就是这个短 20 世纪的美国。但问题在于，自此后的半个世纪呢？如果说历史往往要有一个图穷匕见的时候，那么在经历了特朗普、中美贸易战以及新冠疫情后的这个当下，是不是我们可以认为，1970 年之后的美国作为一种历史研究的课题，已经瓜熟蒂落了？若是如此的话，关于美国历史的研究，我们最急需的和我们最薄弱的也就重叠在一起了。某种意义上，所谓 1970 年之后的美国历史进程，其在中文语境内就好像是接续当年曾风靡一时的《光荣与梦想》，这部四卷本鸿篇巨制书写了美国自 1932 年至 1972 年的四十年历史，现在我们的问题就是，自此后的五十年呢？光荣不再，梦想凋零，历史从来没有这么真切地赤裸在我们面前。

要真实地面对这段历史，美国史的研究者就要完成某种心态上的自我革命，首先是要承认我们的"无知"，所谓"不知为不知"，并不需多做苛求，即便是美国本土的学术界也只是在近年才开始恍然大悟，痛说家史，此前不也曾是一方面宣扬"历史终结"，另一方面鼓吹"中国崩溃"么？其次是要摆脱"尽信书"的好学生态度，要清醒地意识到很多书中所讲述的美国，相对于当下来说其实是一个遥不可及的过往，史学界常说的"过去乃是一个异邦"恰好可以适用到这里，相对于今日的美国来说，罗尔斯写作《正义论》时的那个美国确实好像一个异邦，大概就是在他出版《正义论》的1971年的前后，那段曾经酝酿出"正义论"的历史周期就悄然告别，连再见都没说一句。在此意义上，所谓的"光荣与梦想"倒也并非美国非虚构作家的忽悠，而是他们曾经油然而生的理论自信。只是历史不舍昼夜前行，一步步地延伸着他们的视野盲区。《正义论》是写在新政美国的大地之上的，若是我们非要在其中读到一个特朗普时代的美国，要找到去工业化如何导致民粹主义的兴起，大规模监禁如何导致下层家庭的破碎，放任自由又是如何造成了一个贫富悬殊、阶级隔离的不平等社会，这不可能是罗尔斯在一本五十年前的书里所能预言到的，当然这丝毫不影响其人其书的伟大。

最后，回到本部分所提出的美国史的分期问题，也许，我们可以把这个1970年以来的美国史概括为"当代史"。从其词意上说，当代何以为史，这一时段本身就自带某种特殊的"可塑性"，但可塑并非历史书写的反义词，我们永远都要立足于当下来做历史的研究，历史写作的能动性在美国史研究中并不是一个要屏蔽出去的问题。就以我个人的研究为例，对我来说，即便我对建国一代的宪法问题有多么精深的理解，我也无从判断下一次的总统选举会不会触发宪法危机？即便我精心研读过林肯总统的多篇经典演说，难道我就可以讲清楚现代共和党是如何从林肯的政党变成特朗普的政党的吗？这些问题的答案对我而言都是做不到的，而美国"当代史"研究的提出，正是要让这种不能变为能，至少是我们可以知道自己为什么无知了，无知在何处，然后怎么开始让自己知道起来。

四

以上所述，旨在从美国通史的版图内构造出一个最新的章节，一个名为"当代史"的板块：大致以1970年为分水岭，自此后的美国故事构成了它的"当代史"，时间跨度至今正好半个世纪，而在此之前的美国历史既可以一如其旧，用美国人的方法来命名，如建国、重建、新政，将来也不排除发展出基于中国视角的理论概括，毕竟，任何一种政治文化秩序的长期存在，即便是美国这样绝对时间并不算长的共同体，都必定有自身序列内的上古、中古、近古——它们乃是史观的内在逻辑。但 1970 年之前的历史在此不谈，在这个"当代史"的分期构造出来之后，也就意味着我们的基调一定是此阶段的美国之变，美国仍在，但却一步步变得面目全非，"我已经变得不再是我"，《北京人在纽约》主题曲的这句歌词竟然唱出了历史的隐喻。简而言之，美国当代史的这个五十年之变，它是什么，又为什么，我们应如何理解？这就是美国当代史给我们所出的一个大题目。

另一个问题也就随之出现，我们此前之所以看不到当代史的这些年，一方面是因为"只缘身在此山中"，时代尚未水落石出，观察者尚且把握不住它的轮廓，另一方面则是我们总是希望捕捉到美国的某种本质——某种不变的东西，某种定义美国、使得美国成为美国的东西。而这种对美国本质的追寻，一方面表现为在时序上不断前溯，对美国立国做某种追根溯源的探究，另一方面则是要做贯通式的梳理，捕捉美国万变，然而却不离其宗的那个国本，两种路径交叠在一起，也就形成了以宪法作为方法来理解美国的学术范式以及相应的著述生产线。"宪法"，暂且不论其定义为何，就构成了美国的某种本质，相对于具体问题的某种主义——似乎看上去就是这样，美国通过制宪而建国，此后这部宪法一直延续，宪法的超稳定性成为美国发展的基础，这种制度主义的范式曾经构成了一个时代的文化信念，美国宪法及其所承载的各种制度也因此成为我们关注的焦点。在上一代学者的美国史著述中，王希教授的《原则与妥协》之所以脱颖而出，成为中国学术脉络中的一部西学经典，首先靠的是这本书本身的学术品质，当然也要考虑到这本书创作所处的历史行程。或者反过来说，王希教授当年作为一位旅美的历史学家，何以倾注如此精力用中文写作一部美国宪法通史，也无法脱离当时身处的语境。[14] 就在《原则与妥协》出版前后，另一位重要的美国史学者任东来也转向了宪法史的研究，用他在代表作《美国宪政历程》后记中的话来说，作为法律的外行，"这个领域既充满了诱惑，也有很大的风险"，是"一段愉快的精神之旅"，直至任教授在 2013 年英年早逝。[15] 若是我们从科班扩展到通俗写作，那么从林达早期的《总统是靠不住的》，到刘瑜的《民主的细节》，尹宣对美国立宪文献的翻译，这些用今天的话来说属于出圈的作品其实都属于广义的宪法著述，包括易中天这样和美国研究毫无关联的学者，也曾以文化名人的身份写过美国制宪的故事，至于我所处的法学界，当年追逐美国最高法院的热情至今仍历历在目。[16] 所有这些曾在时代演进中掀起浪花的作品，都围绕着美国宪制而展开，它们所代表的，正是创作之时中国知识界对美国本质的某种孜孜以求。

从知识生产的角度来说，这些著述虽然曾让我们对美国宪制大开眼界，其中有些严肃的学术作品仍拥有持续的生命力，但问题在于，它们宣讲宪法，却未曾准确领会美国宪法史上的一句经典判断，据称最早出自林肯之口：宪法并不是一部自杀契约。[17] 这一判断指向的乃是宪制的本意，也即对一国根本政治制度的守护，越是在政治底线受到挑战的存亡之秋，宪法就越是要露出它峥嵘的牙齿。向美国学习，作为改革开放初期现代化建设的一种策略，并不意味着照搬照抄，更不可能是全盘西化，改革在面对美国模式时自然有其限度和分寸，如果改革逾越了决策者事先划定的底线，那就变成了走改旗易帜的邪路。而所谓改革的底线，或者说在制度借鉴和法律移植时的防火墙，首先就是一国成文宪法的规定以及主权者对本国宪制的权威解释。1987 年 6 月 29 日，邓小平在北京会见当年访美时的总统卡特就曾指出："中国如果照搬你们的多党竞选、三权鼎立那一套，肯定是动乱局面。"[18] 这句话的旨意就是划定改革而不能改、开放而不可放的政治根本。如此说来，我们此前对美国宪法的关注，就好像是一场感情的错付，我们原本希望找寻激活中国宪法的他山之石，但以邓小平的权威在当时说出这段话，不正是对我国宪法制度最有效的解释吗？历史进程中的行动者在这里遭遇到了进行中的盲区，误会不在于当时不应向美国学习，而在于我们搞错了科目，知识界在偷偷补课，就好像原本只要考经济科，但我们自己非要再学一门政治科，甚至美国的老师也在推销这个科目。返回到美国当代史的构造和逻辑内，既然"变"是贯通这五十年的基调，那么继续在宪法问题上做文章就有些不得要领了，因为美国宪法最显著的特点就是它的不变——这种"不变"的能力，曾经为我们所推崇，以之为基础形成了某种超稳定叙事，但在时移世易之后，却暴露出它封闭僵化的基因，导致美国民主政治现在最大的问题就是依"法"而乱，也就是说，病根恰恰就出在这部制定于18世纪而在当下又无法修改的宪法上。在这里，无需用新的政治学去批判一部旧时代的宪法，关键在于重新审视我们自己，为什么以宪法为方法的美国观近年来暴露出它的无能，就在于这种方法近乎完美地遮蔽了美国过去五十年的变化——功课终于学会了，然而考试科目却换掉了，因为我们一直孜孜以求的是贯通美国历史的某种不变的本质，但至少在当下所处的历史阶段，过去五十年的美国之变，将这种我们曾深信不疑的方法和范式击得粉碎。

这也就意味着，要以历史研究的学术态度进入美国当代史这个领域，要组织起1970年至今的美国历史叙事，只有表层的宪法是完全不够的，归根到底，我们当然无法以"不变"的材料和基调去讲述出以"变"为主旨的故事。美国作为一个有机体，成文宪法以及各种不成文的宪制可能只是它身体的发肤，我们现在需要透过表层进入它的肌理、骨骼、血液、甚至基因，在此意义上，如要深刻把握美国在上一历史周期的五十年之变，在我看来，历史研究者要开始某种从宪制到社会的转变，也即"社会"才是美国过去历时半个世纪的大变动所发生的场域，只有以"社会"作为方法，我们才能发现并正视这场大变局，对之进行具有理论自觉的描述和解释。这里对"社会"一词加了引号，是因为站在这一学术转向的开端，我们其实无法讲清楚"社会"究竟是什么，作为一种廓定研究者视野的学术范式，它的范围/边界到底划在何处，以及它与之前的宪制范式到底是什么关系，在此意义上，保持某种战略化的模糊是有利于我们解放思想的，研究者只有让自己完全敞开，投入到这段历史行程的史学研究，才是一开始的正确姿态。进而言之，与这一学术旅程相伴随的将会是某种在历史和理论之间的复杂关系，若是我们从一开始就寻获了某种自以为是的理论范式，那就重犯了此前宪制方法的错误，意见先行，而原本纷繁复杂的历史却被抽空，真正良性的探索应当是反其道行之的，最初只是提出问题，界定领域，至于到底什么是"社会"，又发生了何种"变化"，其实都是最后作结论时才能给出带有理论自觉的回答，也是这个领域的研究基于历史又能超越史学的可能性所在。所谓"当代史"的表述本身也包含着某种悖论，当代何以为史，如五条人歌里唱的，问题出现我再告诉大家吗？但也是在此意义上，"当代史"研究的困境让中美学术界第一次做到了大致的同步，这个对我们而言为新的领域，在美国学术界也尚在进行中，这里没有地层累积而成的各种学术范式，我们因此也可以不受理论"污染"地去观察历史行程之本身。或者说，美国"当代史"作为一个领域的提出，就要求既不以史学为名而盲目地抗拒理论，同时也不能直接把现成的理论拿过来，甘做消费方，具体的研究在这里要保持同理论的适当距离，在不否认现有中层理论的先行启示作用的同时，所要追求的还是基于研究对象的整体而提出新理论的可能。

美国处在危机中，这一判断无疑是正确的，但如何诊断这场危机，它是局部的还是整体的，短暂的还是长期的，周期性的低谷还是史无前例的衰败，是无心的政策失败还是政治性的蓄意收割，是仅限于美国本土还是具有溢出美国的某种普遍性，谁在危机中受到伤害又是谁从中获益，最终如何以及能否转危为机，问题清单可以就这么列下去，也许真正的回答也不可能如此非此即彼的两分。作为世界上头号社科大国，美国本土近年来也不缺乏各种各样的反思以及诸多中层理论的提出。美国到底怎么了？首先把这个问题当作问题来提出的还是美国本土的学者。福山在冷战结束后曾得意扬扬地鼓吹历史终结，但历史接下来的发展早已证明，唯一能终结的也许就是历史终结论，反过来说，他的老师亨廷顿最后留下的问题"我们是谁？"，在后特朗普时代的美国却显示出先知般的预见力。下沉到具体的研究和写作，《独自打保龄》《堪萨斯到底怎么了》《美利坚共和国的衰落》《绩优制的陷阱》《乡下人的悲歌》《故土上的陌生人》《扫地出门》《绝望之死》《推特治国》……[19] 这种基调的学术著述或非虚构写作在美国本土也形成了危机论的生产线，它们在学术上不乏各种远见卓识，只是美国的现实政治早已被其以宪法为核心所构成的体制而锁死，某种程度上可以说是体制不破，危机未已。而对于我们来说，要开启美国"当代史"的研究——这些作品也是不可忽视的，不可尽信书，但也不可无书。

最后需要指出的是，以社会为方法来发现美国的五十年之变，我们没有一幅可以详尽标示出路径的学术规划图，但可以确信的是，所谓以社会为方法并不就预设着"社会史"的路径，尤其是美国本土所流行的"社会史"模板。一方面，好的社会史研究确实能激发出某种能动的力量，让原本的沉默者发出他们的声音，形成某种复调的历史，但另一方面，社会史研究作为一种学术建制却与身份政治捆绑在一起，甚至上升为某种政治正确以及霸权的学术套路。随着具体研究在前沿阵线上不断演进分化，我们所能看到的终于只有片断化的真相以及基于身份的"真理"，越来越难还原成一个整体的史观。而在面对美国五十年之变的历史时，好的研究一方面要求在具体的叙述乃至深描中还原历史本相，进行小心求证，但另一方面也要敢于大胆假设，在自己所关注的案例与相应的宏观历史行程建立起有机的联系，不能迷失在局部真相的碎片中。也许相对于美国本土学者，在研究美国题目时，我们真正能生长出理论自信的优势就在于不同于他们的深陷其中，我们可以做到置身事外，从外部对"当代史"以及"社会之变"做整体性的思考，通过历史的批判来揭示此前理论的"依附性"，构建出不一样的社会图景以及想象。

到此为止，本文主要形成了关于美国史研究的两个判断，首先是美国当代史作为新断代的提出，紧接着的是应当以社会为方法去描述美国的五十年之变，这是两个大胆的假设，不那么鲁莽的地方或许在于本文的态度，仅限于表达困惑、提出问题，并勾勒出一种新的可能，而不是提供决断的答案。激发本文思考以及论述的，归根到底在于时代的逼问以及学者的苦闷，从逻辑上说，我们首先要做的是意识到我们的"不知"，在我们自以为对美国了如指掌的时候，还有哪些是我们不曾了解的事情，而勾勒出这种"无知"区的存在当然只是有限的推进，我对之的辩护仍要借助众所周知的智慧，"不知为不知"也是一种知，而更重要的是，只有在这种心态之上，我们才能真正走向对美国的"知之"。

五

仅有焦虑是不够的，我们还必须做些什么。若美国宪法的当下可以证明什么，那就是学不会与时俱进，自己就会变为危机之源，时代水落石出之后，这也许是美国宪法研究留给我们学者最新的启示。对于以上提出的两个判断，它是否探索出美国史研究在中国的一种新的研究议程，有待同行们的争鸣，在结束本文之前，我们也许可以对美国史研究在中国提出几点简要设想，并不拘泥于本文所勾勒的美国当代史这个新领域。

首先，是在通史中断代的问题。美国的历史并不长，对于中国的美国史学者而言，完全把美国制式的断代方法照搬过来，并非长远之策。这个逻辑其实可以去参考美国的中国史学者，在面对漫长的中国历史时，他们既有必要也有可能做到更加贯通一些。历史在分期后形成了一个个的断代领域，对于深耕于此的学者就构成了某种学术茧房，似乎只要超出了我的分期，就能理直气壮地无知，要让一位美国早期史的专家去分析特朗普崛起的社会因素，就好比让一位先秦史的学者去回答辛亥革命的问题，"不知有汉，无论魏晋"。但学术建制的从来如此就一定合理？恐怕是未必。事实上，即便是对于本文所主张的美国当代史的研究来说，难道上限就是在 1970 年？怎么安放这一"新时代"与罗斯福新政的关系，怎么把它放回到美国 20 世纪史、甚至一部通史的构造中去，这些都是在断代同时要形成新的贯通的问题。历史的分期从来都是人为的拟制，我们对美国史的研究需要有更贯通的眼光，也应该有贯通起来的学术勇气。

其次，是扩展研究视界的问题。对于研究美国史来说，中国学者的身份注定不可能是一个空洞的背景板，王希教授多年前就提出要做有中国特色的美国史研究，[20] 而他本人用中文写作的《原则与妥协》也凝聚了他在这一问题意识下的心血和努力。仅以视野来说，中国学者研究美国史要有基于中国立场的能动性，中文材料也要做某种积极的介入，这不仅是说我们的研究要更多照顾到连带中美之间的题目，而是说我们这一边的材料也要动起来。比方说，《北京人在纽约》作为 90 年代家喻户晓的一部电视剧，它就构成中国学者研究美国时的独家"史料",即便是其片头片尾的歌曲,甚至每集开始前王起明那段关于纽约的念白,或许都比现实更真实地反映着我们曾经是如何理解美国的,因此文化史的研究就要把这些材料带回来。再比如,电影《中国合伙人》的叙事,作为现实原型的新东方,以及中国学生留美的历史,也都是属于中国学者研究美国时的课题。甚至是过去半年,在史学大师理查德·霍夫斯塔特在去世五十年、作品进入公版之后,其著作《美国的反智主义》竟然接连出现了至少四个简体中文版,[21] 美国史专业学者对此应当如何理解?简言之,在进行美国史的研究时,我们所谓的第一手材料未必非要是某个数据库里检索来的古旧档案,它可能就在我们的身边,发生在我们正在或已经经历的生活中。

最后,在学科建制中,美国史研究在中国属于世界史,但在世界史的版图上,并非每个国别史都平等。美国并不是在人类文明史中早已消亡的古国,它的历史仍在进行时,与我们息息相关,在现阶段,关于美国的叙述注定承载着其他国别史所无须负担的太多需求或要求,它不可能是纯粹的史学,要比科学探究更为复杂且微妙。对于某个非洲小国当下所发生的武装冲突,群众未必有兴趣吃瓜,关于四千年前两河文明的乌尔第三王朝,也不会有太多人想要去了解,甚至对其闻所未闻,但美国史不同,套用《北京人在纽约》中王起明的那段念白,它既是天堂,为人所爱,也是地狱,为人所恨。简言之,美国史作为一个领域,有着其他国别史望尘莫及的大众需求和期待，之所以此前真正出圈的美国叙事并非出自专业史学者之手，也是这个原因。那么现在怎么办？回到本文开始，当两种美国叙述的路数在中文世界内已经泾渭分明时，首先要做出调整的应该是专业学者，美国史研究以及写作的天地并不限于专业的学术期刊——我们不妨设想，当又收到一封退稿邮件时，尝试下新的写作形式，利用写作专业论文余下的边角料，书写美国历史中某个无人知晓的小人物，某个没有大事发生的年份，某个隐秘的角落，某个漫长的季节，篇幅自定，形式不拘，然后用自己的匿名公众号推送出去吧……也许是走出当前困境的一种方法。而且这并不是退而求其次，某种意义上是更高的要求，看一看那些为我们所推崇的美国本土的史学大家，其中很多不就是这么做的吗？

注释

1. 转引自［美］威廉·曼彻斯特：《光荣与梦想：1932—1972 年美国叙事史》，四川外国语大学翻译学院翻译组译，中信出版社 2015 年版，题记。

2. 此类时政类自媒体为数众多，本处所引述的来自"占豪"微信公众号，五个标题的推送日期分别是 2020 年 12 月 7 日、12 月 26 日、2021 年 1 月 9 日、1 月 16 日、2 月 15 日。

3. 此次学术会议是 2021 年 5 月在华东师范大学历史系召开的第六届"长三角"美国史论坛，会议主题是"史料开掘、视角更新与方法转向"，会议议程详情可参见"华东师大历史学系"微信公众号 5 月 28 日的官方推送。在此特别说明，本文不是在专业意义上评价这些文章，这不是本文的目的，我也没有这个能力。把它们并列在一起，是为了对专家路数的写作做某种形象的呈现，由此展开下文的讨论。也正因此，在从会议程中挑选例证的我反而更关注有过学术交往或者在专业上景仰的同辈学者。

4. "近距离观"的代表作品当属林达的近距离看美国三部曲，分别是《历史深处的忧虑》、《总统是靠不住的》、《我也有一个梦想》，自上世纪 90 年代出版后曾多次再版。

5. 李剑鸣：《改革开放 40 年来的美国史研究》，载《世界历史》2018 年第 4 期，第 19 页。

6. 邓小平此次访美的行程，可参见中共中央文献研究室编：《邓小平年谱（一九七五——一九九七）》上册，中央文献出版社 2004 年版，第 475—486 页。

7. 中共中央文献研究室编：《邓小平年谱》（上），第 483 页。

8. 中共中央文献研究室编：《邓小平年谱》（上），第 481 页。

9. 阿克曼的《我们人民》多卷本目前已经完成三卷，余下两卷仍在写作中，关于阿克曼宪法史叙事的一个系统的历史表述，可参见［美］布鲁斯·阿克曼：《我们人民：转型》，田雷译，中国政法大学出版社 2014 年版。

10. 王希：《原则与妥协：美国宪法的精神与实践》（增订版），北京大学出版社 2014 年版。前两版同样在北京大学出版社，先后于 2000 年、2005 年出版。

11. 可参见王绍光：《美国进步时代的启示》，中国财政经济出版社 2002 年版。

12. 参见田雷：《第二代宪法问题：如何讲述美国早期宪政史》，载《环球法律评论》2014 年第 6 期。

13. 达尔的观点可参见［美］罗伯特·达尔：《民主理论的前言》，顾昕译，东方出版社 2009 年版；方纳的观点可参见［美］埃里克·方纳：《美国自由的故事》，王希译，商务印书馆 2002 年版；帕特南的观点可参见他最新的著作，Robert D. Putnam, *The Upswing: How America Came Together a Century Ago and How We Can Do It Again*, Simon & Schuster, 2020。

14. 可参见王希：《火的洗礼》，载王希、姚平主编：《在美国发现历史：留美历史学人反思录》，北京大学出版社 2010 年版，第 63—82 页，以及《原则与妥协》2000 年版后记。

15. 任东来等著：《美国宪政历程：影响美国的 25 个司法大案》，中国法制出版社 2004 年版，第 603 页。

16. 除林达和刘瑜作品外，尹宣翻译的美国立宪文献主要是两部，一部是费城宪法会议记录，［美］詹姆斯·麦迪逊：《辩论：美国制宪会议记录》，尹宣译，译林出版社 2014 年版；一部是［美］亚历山大·汉密尔顿等：《联邦论：美国宪法述译》（也即《联邦党人文集》），译林出版社 2010 年版；易中天的"费城风云"有过多个版本，最新一版可参见易中天：《费城风云：美国宪法的诞生及其启示》，上海文艺出版社 2018 年版。

17. 关于这一判断的宪法学阐释，可参见［美］理查德·波斯纳：《并非自杀契约：国家紧急状态时期的宪法》，苏力译，北京大学出版社 2010 年版。

18. 《邓小平文选》第三卷，人民出版社 1993 年版，第 244 页，

19. 正文所述"美国怎么了"的理论解释，基本上都有相应的中译，在此仅列出两本至今未见到中译本的著作，Thomas Frank，*What's the Matter with Kansas？：How Conservatives Won the Heart of America*，Metropolitan Books，2004；Michael Sandel，*The Tyranny of Merit：What's Become of the Common Good？*，Farrar，Straus and Giroux，2020。

20. 参见王希：《我如何教"美国宪法史"》，载《政治与法律评论》第五辑，法律出版社 2014 年版，第 35 页。

21. 这四个版本的中文译名略有区别，但都是霍氏初版于 1963 年的 *Anti-intellectualism in American Life*。

第二次的相逢

——我们应该如何研究外国法律（史）？

一切都是熟悉的，一切又都是初次相逢；

一切都理解过，一切又都在重新理解之中。

——苏力

一

一种套路，一种寄托着法律人之无限深情的套路，曾经在中国法学界弄潮一时。这里必须要特别强调"曾经"这两个字，因为这种套路据说现在已经不得人心了，在这个要高扬中国学者主体性的时代，它的出路也许是成为中国法学者用以自嘲的一种学术症候，时刻提醒我们，法学的理论一度是何其幼稚——最终，以昨日之非来论证今日之是。但问题在于，一种长时间得人心的套路，所主宰的就不仅只是一篇篇学术论文的论证框架，而是已经由表及里地控制着我们的思维：学者怎么发现问题、提出问题、并在学理上表达这个问题，最终是探索在实践中如何解决这个问题，都是在由这个套路所塑造的思维框架内来自我循环的。

这种套路，我们可以概括为"外国法的某某制度及其对中国的启示"，也许是中国法学界走过最长的路。还记得，我刚开始教书时，参加过一次本科生的毕业论文答辩。整整一天下来，数十篇论文过眼，其思路、命题和论证大致都可以一言以蔽之，都是在前述套路指导下所展开的规定动作：西方某个法治国家有某项制度，而我们没有，所以要弥补这一欠缺，我们应学习这种制度。也是在那一天，我切身感受到了这种套路在法学院内的统治力：经过四年的法学院学习，这些即将走入社会或者继续深造的法科学生终于学会了批判的武器——在中国法中找病理，然后到外国法中找应对之药方；甚至是相反，由某种外国法治理论出发，在中国法的实践中搜寻由该理论所界定的缺失、落后或病变。当然，我们不能就此认为这种思路就是缺乏中国问题意识的。无人可以否认，到"西方"去，寻求经世济国的药方，是近代以来中国国家建设经久不衰的一种动力；更具体一些，过往四十年法治建设的一个原动力也是要同西方接轨，作为这一历史进程的附着物，中国的法律学说、法学概念和法治理论也是源自西方的，如要抛弃这一套舶来品而另起炉灶，我们恐怕连自己是谁都无法表达。[1] 但问题是，如果始终怀抱着找寻西方之良药来救治中国之顽疾的学徒心态，这种中国问题意识就注定是庸俗的，它将原本价值多元的差异直接转化为有价值位阶之落差的差距。任何思路一旦被套路化，成为某个群体不假思索的条件反射，最终的结果就是我们既无法理解作为他者的西方，也无法理解我们自己。

1970 年，艾伯特·赫希曼发表了他的著名论文《追求范式，反而妨碍了理解》，[2] 半个世纪后，赫希曼在比较政治学领域内的告诫对法学研究仍有警醒之用：即便"他山之石，可以攻玉"，我们还是要警惕这种"启示"的套路，因为它所能带来的往往都是经不起推敲的启示，更麻烦的是，还会制造在"启示"之外的更大范围的蒙蔽。

二

如果你愿意，可以到中文期刊数据库中下载一篇此类"启示"的套路文，耐心仔细读完，就能发现这类文章的一个通病："时间都去哪儿了？"

霍姆斯大法官曾说过："法律包含着一个民族跨越许多世纪的发展故事……为了知道法律现在是什么，我们必须知道它的历史以及它可能的未来。"[3] 诚哉斯言，法治作为一种社会治理的机制，要求一个社会能逐渐形成一种长期有效的行为规范，并且要求全社会能普遍养成一种遵循既定规范而行事的心理状态。在此意义上，任何国家的法制建设都不可能是一蹴而就的，时间，是检验一个社会是否存在法治的基本标准，也是衡量一个国家法制发展的关键指标。但在任何一篇套路文中，时间不再是一种绵延不断的历史进程，反而成为一种可以被切割为无数个"当下"的历史断点。论者脱离历史的情境而进行完全无负担的比较，似乎可以任意地穿越时间。但问题是，在法律发展的历史进程中，"时间"从不是一种空洞无物的维度，屏蔽了"时间"，就是否定了法律发展的历史语境，就此而言，我们所讨论的任何一种法律制度都是在既定时间节点上的一种均衡或不均衡，说得俗一点，都是由历史所形成的。

因此，当我们大谈特谈美国某项法律制度对中国当下的启示时，我们可能正在犯下一系列非此即彼的二元思维错误。似乎在大洋此岸存在着一种可以称之为中国模式的东西，大洋彼岸则有一种美国的模式；中国的模式是落后的，而美国的模式是进步；中国如要追求法制的进步，或者是从无法治走向法治，就需要移植这项人有我无的制度，同美国接轨。这种思维方式之所以是错误的，就在于制度的形成需要漫长的时间。事实上，当我们将"时间"带回到分析框架内后即可发现，我们所要学习的某种"先进"法律制度，经常只不过是各种政治力量在某个历史切面处的一种汇流而已。历史始终是开放的，并不存在着什么必由之路，法律在历史的进程中也始终是可塑的，任何关于模式的总结，比如常挂在法律人嘴边的"从身份到契约"的历史进步，都来自后世学者的解读和再呈现。

美国的司法审查制度就是这样的一个例子。马歇尔自己都不知道他在 1803 年的马伯里案中创造了"司法审查"这项制度。根据他的意见书，马歇尔仅是论证了法官有权判断立法是否违宪，可以在司法过程中拒绝适用违宪的立法，但司法权的这种运作在普通法学说以及美国各州的司法过程中并不鲜见，换言之，并不是马歇尔在马伯里案中创造了司法审查制度。更何况，自马伯里案首开先例后，美国最高法院第二次宣布国会立法违宪，要一直等到 1857 年的斯考特诉桑福德案，这时距离马歇尔辞世都已有 22 年之久。[4] 从第一案到第二案，中间竟间隔了大半个世纪之久。更重要的是，我们现在用"司法审查"（judicial review）这个概念去描述这种司法权运作的实践，但这个概念的出现却只能追溯至 20 世纪初，[5] 也就是说，司法审查在整个 19 世纪都是一种没有自己名字的实践，是"自在"的，而不是"自为"的。

回到历史的现场，马歇尔也谈不上要为全世界开创一种能在两个世纪后扩展为"普遍做法"的司法制度，身处建国初的党争夹缝中，他所谋求的不过是一种联邦党人和杰斐逊民主党人都能接受的判决结果而已。1800 年的美国总统大选完成了人类历史上第一次经由选举的政党轮替，在位的联邦党输给了在野的杰斐逊民主党。到了 1803 年，最高法院成为联邦党人在三权之内唯一掌控的分支，因此马歇尔不能对新政府的行为完全退避三舍，否则联邦党人就将声名扫地；但他又不能走得太远，任何玩火的举动都有可能招致杰斐逊总统的报复。麦克洛斯基教授曾这样点评马歇尔在马伯里案中的表现，一次"迂回策略的杰作，它光芒四射地展示了马歇尔在看似招致危险之际又回避危险，在对手盯着一个方向时，却向另一个方向前进的能力"[6]。由是观之，马歇尔在马伯里案中所能做不过是摆平理顺，息事宁人而已，能在险恶的政治局势下保持最高法院的独立，已属幸运！[7]

不仅是研究者遮蔽了"时间"这一关键变量。因为整个社会生活的加速度和时间的碎片化，我们当下的外国法研究又陷入了另一个误区。在网络时代，外国法的材料已经是唾手可得，"秀才不出门，便知天下事"，自媒体平台可以让任何一个人在第一时间推送自己的观察，哪怕只是些即时评议的碎片化思考。打开微信朋友圈就不难感受到，我们已经进入了一个信息太多，学术太少的时代。在新的技术条件下，外国法的信息传播不可避免地出现了个案化、点评化、编译化，甚至政治化和娱乐化的趋势。现在，美国最高法院出个什么新闻，我们经常比西方记者跑得还快，但问来问去的问题都太简单，全是套路！长此以往，下一代外法史的学生也许不知道甚至会认为不需要在学术著作中精耕细作，只能沉浸在漫天飞舞的学术段子中，最终，我们可能知道许多杂乱无章的外国法信息，但却缺乏将这些信息消化吸收的认知参照系，也无力提出有洞察力的理论问题。

三

向历史转向，回到历史去发现外国法的复杂性，就是我们在这种学术格局下的一种可能的突围方向。2016 年，中国法理学是否已经"死亡"这一命题曾引发各路方家的热议。[8] 但无论中国法理学的前途命运如何；在研究外国法时，我们应当哲学少一些，历史多一些。之所以这么说，首先是因为法哲学长期以来构成了我们进入外国法的主要门径，但以法哲学作为一种方法，势必预设着外国法存在着一种跨越时空，普遍适用于各种部门法门类的本质，在此基础上，所有的探索都是化约主义的，都是要透过纷繁复杂的表象而看到法律的本质。似乎对于我们这些学习者而言，只要抓住法律是什么这一根本问题，那么其他问题都可以纲举目张，得到解决。在这一思维定式下，法哲学是高大上的，相比之下，法律史，尤其是外国法律史，就成了一个边缘学科。向历史转向，就意味着我们要少谈些主义，多研究些具体的问题，在外法史的研究中把"时间"找回来，最终是为了发现法律的复杂性以及法律历史的偶然性和开放性。如罗伯特·戈登所言，"法律史的好处之一就是它能为学者提供某种灵活性，让他们看得见法律的许多面向，而不是如法哲学那样，必须要定义法律的本质，法律要么是某种性质的，要么就是另一种不同性质的。"[9]

向历史转向，并不是说我们需要更多的学者改换门庭，转行进入外法史的研究，也不意味着外法史的研究就是多多益善的。严格地说，当下的外法史研究恰恰是前文批判的套路化写作的重灾区。我们常见，论者在历史进程中任意穿越，如天马行空，也如蜻蜓点水，在笔法上往往截取历史进程中的某一断点，而缺乏可以称得上绵延连续的时间维度。这样的外法史研究，注定只能成为法哲学的注脚，因为它们能做的，只不过是确证了某种法哲学流派所概括的法律本质而已。在此意义上，优秀的外法史研究，甚至是真正有他山之石之意义的外国法研究，必须要纵向地打开制度生成的历史语境，对某项法律制度在较长历史时段内的来龙去脉进行深描。打个比方，我们对外国法的研究，不能只是选取某个时间剖面进行照相，而是要覆盖某个较长时段进行跟踪拍摄，我们要用长镜头来拍出"漫长的季节"。

一旦进入这种在时间维度内绵延的历史，不是用法哲学的某种流派去裁剪材料和呈现历史，而是以史立论，那么奇妙的事情就随即发生：我们此前对西方法治先进国家的认知，以及在这些认知基础上所得出的曾经以为是天经地义的法治理论都有可能被颠覆，在历史的显微镜下，"一切坚固的东西都烟消云散了"。这种回到事发现场的历史叙事，就有可能变成一团剪不断理还乱的乱麻。于明教授出版于2015年的《司法治国：英国法庭的政治史》，是近年来出现的一部优秀外法史专著，说它优秀，就在于作者由始至终都在摸索着一个被许多同行想当然地遗忘的问题：若历史果真就是如此的一地鸡毛，那么法制史的研究和叙事又如何可能？在书中，作者曾发出这样的感慨："或许，就像福柯在他的'谱系学'理论中所揭示的，真正的历史，恰恰存在于无数偶然的事件堆中，没有里程碑，也没有一个原初的坐标系，而历史研究的意义即在于在那些'出人意料的地方'或是'通常认为没有历史的地方守候这些事件'，并尽可能细致地将这些偶然事件从相互交错、层层积累的谱系中重新展现出来。"[10]

在一种时间绵延的历史观之下，每一种法律制度，就其形成而言都是偶然的，没有什么天定命运，当下的制度，大都是相关政治力量在不断博弈中所形成的一种暂时均衡，其状态并不稳定，只要有新的力量介入或者原有的势力对比发生改变，就有可能打破既有的均衡，出现制度"变迁"。我曾翻译过一本美国法律史的名著，书名叫《事故共和国》（The Accidental Republic），题中的"Accidental"这个词就是一个双关语，它首先是"事故"的意思，交代了本书的研究题目：《美国工业事故法》在20世纪之交的转型及其历史动因，其次又有"偶然"的意思，即整个发展过程是非预期的，没有任何预先写就的剧本。[11] 悖论就是，在进入历史之后，研究者很快会发觉，等在那里被我们去发现的"历史"并不存在，历史叙事如何可能也成为一个严肃的问题摆在面前，所有的制度变迁都带有"摸着石头过河"的面向，历史进程中的行动者如同"盲人骑瞎马"。如果借用汉密尔顿在《联邦党人文集》开篇那个著名提问所隐含的两分法，那么法律发展的真正决定因素几乎从来不是什么"慎思和选择"，往往是"偶然和强力"。[12]

如此界定的"向历史转向"是残酷的：天地不仁，在历史的进程中，个人奋斗的因素几乎微乎其微；更重要的是，它所开启的是一个以历史来批判理论的学术过程。在一个又一个细致入微的案例研究中，历史的深描揭示出了法律的复杂及其发展过程中的开放性，如前所述，"事故共和国"也是一个"偶然的共和国"，批判法律史如果说是危险的，就在于它所引入的历史有可能颠覆我们之前的法治观。在法学院这样的职业教育学院内，法律信仰构成了一整套法学教义的文化前提，所以才会有昂格尔教授精彩的分析：美国主流法学运用了他所说的"合理化法律分析"（rationalizing legal analysis）的技艺来驯服这种偶然性和不确定性。[13] 但对我们而言，危机之中蕴含着最大的契机，要克服一开始所讲的"启示"套路，我们在未来需要更多的有着历史转向之自觉的外法史研究。

其实所摧毁的并不是历史本身，外法史的研究者也不能干吃饭砸锅的事情，任何可以被当代人书写出来的历史就不可能仅仅只是一团乱麻，书写的过程就已经包含了一个用理论去驯化复杂性的剪裁过程。批判法律史所摧毁的只是目的论的历史——仿佛有什么万古不易、四海皆准的历史定律，可供我们直接拿来。在此意义上，重新找回复杂性，恰恰是一种解放思想的过程。不要忘记，在美国，正是激进的批判法学者反复劝诫主流的建制派，要警惕"制度拜物教"，如托姆林斯教授所言，"偶然性的发现，是一种解放的力量：展示出原本可能的种种路径，也就显示出我们当下是偶在的，以及'必然'历史观是何等虚妄。"[14] 在此意义上，好的外法史研究，其实是当代中国最需要的法哲学，它虽然不会在言词上建构任何关于法律本质的论述，但却以行动表明了法律是一种实践着的地方性知识，因此在大多数时空条件下都是反基础主义的，都是由那个特定语境内的政治力量所决定的，脚下的路取决于我们下一步怎么迈出。在此意义上，向历史转向后的外法史研究，就成为当代中国法理学谱系中最缺乏的"批判法学"。也许在现阶段，这样的外法史研究都注定要扮演一种不太讨喜的角色，因为它是解构压倒建构的，是在追求启示的主流思维之旁的"反启示"法学。从一开始，这种类型的研究就没有预设规范法学假定为真的政治、道德和伦理前提，很多时候，研究结论恰恰会颠覆这些前置性的命题。这就好比告诉我们，在大洋之彼岸，并不存在着一种美国法治模式（同样包括德国、英国……的法治模式）。即便有的话，这种模式也有可能是黑暗的，甚至一度成了纳粹势力的理论工具。[15] 这也许会让有些学者觉得情何以堪，但这却是我们在面对外国法时必须迈出的一步。如果有一天，我们可以让学生相信，外国法不是懒人的工具包，我们无法从中得到任何可以直接套用的启示，这种无用之用恰恰成了外法史的最大作用。更何况，如前所述，由于我们的整个法学理论体系都是舶来的，即便是我们表述本土法律资源的概念和学说，也难免有一个源自异国他乡的出生证明。在此意义上，批判法律史就是祛魅的理论武器，它像一把刀子那样揭开某些被神话的概念的面纱，细致地呈现出概念生成的历史语境，最终让我们不再被某些概念所禁锢，返回到中国法制的事实和实践本身。

司法独立就是这么一个被神化的概念，它被奉为司法改革的既定目标，不可动摇，也无须质疑。到底什么是司法独立？任何学理上的商榷都有可能被贴上反法治的标签，由此成为一个人为制造的禁区。但独立从来都是相对而言的，我们在讨论司法独立时一定要追问它是相对于什么而独立（independent from *what*），正如任何人都不可能抓住自己的头发离开地表，那种脱离既定宪法框架而谈独立也是毫无意义的。中国是这样，美国同样如此。"争取司法权威的斗争，向来都是发生在我们的宪制框架内，而不是同宪制框架相对抗。"[16] 回到历史深处，我们才能提出关于司法独立的正确问题。司法独立真的就意味着大法官说了算吗？美国历史上是否有过大法官说了不算的时候？为什么美国历史上最伟大的总统往往是反法治的——如果我们将法治化约为司法独立的话，一目了然，越是积极有为的美国总统，就越有可能留下挑战司法权威的记录，从杰斐逊、杰克逊、林肯，再到罗斯福，都曾挟民意以令司法！进而言之，当总统向大法官亮剑时，到底是美国法治的误入歧途，因而不妨让我们糊涂一次，睁一只眼闭一只眼，还是说这种冲突虽然是历史的偶发，但却不是理论的边缘？甚至可以说，这种总统和大法官之间的对决，恰恰是某种内在于美国宪制框架的结构性冲突，思考这种例外的宪法场景，反而是我们把握美国宪法政治的学术切口？难道我们读到的都是假历史，还是说我们对美国法治的理解从一开始就有偏差？要回答"大法官说了-是否算"这个问题，我们只能转向历史，但也许我们最后所能得到的安全结论只能是："大法官说了算，除了他们说了不算的时候"，而这种两边下注的结论并不是论者要左右逢源，恰恰就是我们前面所讲的"无用之用"：我们从历史中所能学到的是，我们无法从历史中学到任何东西——如此就足够。

四

"一切都是熟悉的／一切又都是初次相逢／一切都理解过／一切又都在重新理解之中。"二十年前，在《法治及其本土资源》自序将要结束之时，苏力教授引用了他多年前所写的这句诗。[17] 按诗人的说法，这是一首抒写春天的诗。时至今日，我们对外国法的研究和认知，还停留在诗歌里的春天"初次相逢"的余波内。中国法学在那个春天同外国法的初次相逢，很大程度上设定了自此后法学的研究议程，就此而言，我们的成功和失败、突破和瓶颈、长处和短板，其基因都在这第一次相逢中。

现在，也许到了迎接"第二次相逢"的历史时刻了。在面对外国法时，我们要抛弃此前向西方寻求药方的病人心态，平等地对待来自欧美国家的法学理论；但又不必退回到智识上的闭关锁国状态，严防有益的思想交流和制度学习。正因此，我们需要为外国法研究的历史转向而鼓与呼，回到历史发生的现场，检讨那些在初次相逢时被神话的概念和学说，用这种作为批判法学的外法史研究来解放思想，只有明白了外国法的制度和理论也有其"本土资源"，我们才能真正认真对待我们自己的本土资源。就好像一首流行歌曲里所唱的那样："你还嫌不够，我把这*陈年风楼*，送赠你解咒。"[18]

注释

1. 关于中西方之间的交流及其对中国现代国家建设的影响，一个近期的著作可参见 John Pomfret, *The Beautiful Country and the Middle Kingdom: America and China*, 1776 *to the Present*, Henry Holt and Co., 2016。

2. Albert Hirschman, The Search for Paradigms as a Hindrance to Understanding, *World Politics*, vol. 22, 1970, p. 329.

3. Oliver Wendell Holmes Jr., *The Common Law* (The John Harvard Library), Harvard University Press, 2009. p. 3.

4. 当然，马歇尔法院时常宣布各州立法因违宪而无效，这里需要我们区分两种形式的司法审查，一种是最高法院对平行的联邦分支也即国会立法的横向审查，另一种是最高法院对各州立法的纵向审查。

5. Keith Whittington, *Political Foundations of Judicial Supremacy: The Presidency, the Supreme Court, and Constitutional Leadership in U. S. History*, Princeton University Press, 2009, p. 28.

6. Robert McCloskey, *The American Supreme Court*, revised by Sanford Levinson, University of Chicago Press, fifth edition, 2010, p. 25.

7. 关于马伯里案的政治背景，可参见［美］布鲁斯·阿克曼：《建国之父的失败：杰斐逊、马歇尔与总统制民主的兴起》，江照信译，中国政法大学出版社 2017 年版。

8. 这场讨论的缘起，为徐爱国：《中国法理学的"死亡"》，载《中国法律评论》2016 年第 2 期。

9. Catherine Fisk and Robert Gordon, "Law as…": Theory and Method in Legal History, *UC Irvine Law Review*, vol. 1, Issue 3, 2011, p. 525.

10. 于明：《司法治国：英国法庭的政治史（1154—1701）》，法律出版社 2015 年版，第 102 页。

11. ［美］约翰·法比安·维特：《事故共和国：残疾的工人、贫穷的寡妇与美国法的重构》，田雷译，中国政法大学出版社 2016 年版。

12. 原文为"reflection and choice"和"accident and force"，出自汉密尔顿所写的《联邦党人文集》的第一篇首段。

13. Roberto Unger, *What Should Legal Analysis Become?* Verso, 1996.

14. Christopher Tomlins, Law 'And', Law 'In', Law 'As'：The Definition, Rejection and Recuperation of the Socio-legal Enterprise, *Law in Context：A Socio-Legal Journal*, Vol. 29, 2013, p. 144.

15. 关于希特勒的美国模式，参见 2017 年的一本新书，James Whitman, *Hitler's American Model：The United States and the Making of Nazi Race Law*, Princeton University Press, 2017.

16. Keith Whittington, *Political Foundations of Judicial Supremacy：The Presidency, the Supreme Court, and Constitutional Leadership in U. S. History*, Princeton University Press, 2007, p. 5.

17. 苏力：《法治及其本土资源》（第三版），北京大学出版社 2015 年版，第 VIII 页。

18. 歌曲《富士山下》。

"虎妈"的另一种读法

——狐狸，还是刺猬？

狐狸知道很多事情，

刺猬懂得一件大事。

——古希腊谚语

一

兄弟我在耶鲁的时候，也是见过虎妈的。

那时候，蔡美儿教授还没有虎妈的名号，不过早已是名动学界的"白富美"。去美国之前，我就读过她的书，出版于2002年的《起火的世界》让她一鸣惊人。虽然说是初次展示学术羽毛，蔡教授却表现得虎虎生威。她在书中的观点石破天惊，指责西方国家在后冷战时代大搞制度输出，却弄得非西方国家和地区烽烟四起，结论是：自由市场民主非但不是历史的终结，反而造成了一个"起火的世界"（World on Fire）。一年前"9·11恐怖袭击事件"，令那些1989年后风生水起的历史终结学派声名扫地，都让蔡教授可以在书中大大方方地讨论一个问题："他们为什么恨我们"（Why They Hate Us）。[1] 等到2007年，当蔡教授出版她的第二本书《帝国之时代》时，我已经是她的粉丝。[2]

作为粉丝，在耶鲁那年没能选修蔡教授的课，难免遗憾。记得她那年只开设一两门研讨国际商事交易的课程，即便要追星，面对这些非我专业的高大上课程，我也只有退避三舍。"2009年6月29日，我开始写作这本书……书的前三分之二，只用去我不过八周的时间"，现在想来，当我在耶鲁法学院院外的"墙街"同蔡教授偶遇时，她大概已经完成了自己的第三本书，就是 2011 年初由企鹅出版社推出的《虎妈的战歌》。[3] 那时我已回国任教，还记得此书中文版几乎是同期推出，蔡教授的著述"返乡"，这一次没有一点儿"时差"——只是中文首版被修改为《我在美国做妈妈》，也许是出版社自作聪明，但却弄巧成拙。《虎妈的战歌》，不仅一时洛阳纸贵，在商业上取得空前成果，更重要的是，它成功挑起一场关于中西方育儿方式的大论战，蔡美儿教授也由此名动天下，凡是有中国人的地方，都知道"虎妈"这个名号，虽然未必清楚所谓的"the tiger mother"原来是一位任教于耶鲁法学院的华裔女性教授。

但时常让我感到困惑的是，人们为虎妈买单，但并不为蔡美儿教授买账。

二

为什么知识分子不喜欢虎妈，读后随手就是一个差评，曾是我百思不得其解的事。情况明明是：一位华裔女子，出生在父母一代由菲律宾赴美的移民家庭，小时候还曾因讲英语有口音而受到身边同学的歧视，现在却成为耶鲁法学院的讲席教授，驯服了同在耶鲁任教的宪法教授"虎爸"，她的两个女儿，《虎妈的战歌》里的主角，先后从哈佛大学毕业，这种经过个人奋斗而走向成功人生的故事，正如虎妈所讲述的，不正是中国知识精英曾经趋之若鹜的美国梦吗？若是如此的话，为什么当虎妈活出我们的梦想时，我们反而觉得难以下咽呢？为什么我们可以空谈一个梦想，但却无力招架一个由此梦想所生成的现实呢？也许，蔡教授在书中表现得并不是那么温良恭俭让，反而虎得有些咄咄逼人，甚至不近情理，但这原本就是蔡教授对虎妈角色的人设，理解了这一点，我们为何对这位成功人士如此苛责呢？说到底，在很多方面，她只是比我们这些人做得更到位，说得更透彻，要是我们因此而对虎妈有所保留，岂不是五十步笑百步？

让我先从《虎妈的战歌》（下称《战歌》）开始，再一本本给蔡美儿教授算算账。《战歌》之所以引爆全球书市，当然要归功于它的姿态鲜明，走在政治不正确的路线上，却还能如此理直气壮。一个出版上的细节，也许主要是商业操作的手法，对这本书风行全球可以说功不可没。在《战歌》面市前夕，《华尔街日报》刊发了虎妈的头条文章《为什么中国妈妈更好?》[4]，这样的观点当年一抛出，全美一片哗然，由此引发的争议成功地将随即出版的《虎妈的战歌》推到舆论的风口浪尖。就如同现在要想方设法来它几篇十万加，才是商业成功的必由套路。同这篇先期放出的宣传文相比，印在《战歌》书封上的一段剧透文字，却有意识地保持某种文化中立的姿态，读起来只落个暧昧不明的印象："这个故事，关系着一位母亲、两个女儿，以及她们的两条狗。

原本，故事意在讲述，为什么中国家长在养育孩子上要优于西方父母。但最终成书，它却围绕着一场文化之间的剧烈冲突，光荣的滋味转瞬即逝，而我却被13岁的女儿所挫败。"

《战歌》既然如此唱响，那么母女之间的对抗就发生在文明冲突的语境内，要宣扬中国为人父母者的教养方式，蔡教授就要制造出中西之间非此即彼的对立，比方说，"西方父母尊重孩子们的个性，鼓励他们追求发自内心的热爱，支持他们的选择……与之形成对照（by contrast），中国式父母相信，保护孩子的最好办法就是让他们面对未来做好准备，让他们发现自身之所能，为他们武装上技能、工作习惯以及内在的自信。"[5] 这种在中西方之间反复不断的"by contrast"，正是支撑起《战歌》情节不断延伸以及矛盾激化的逻辑主线。在蔡教授笔下，虎妈的教育方式是一体两面的，一方面张扬着中国父母的家长作风，另一方面则是，非虎妈者，即西方父母也，这种为了冲突而冲突的中西脸谱刻画，当然难以经得起硬社会科学的检验。书之将末，虎妈又一次挑逗西方读者的神经："我不愿意屈从于西式的社会规范，虽然政治正确，但却是如此愚蠢，而且在历史上也从未扎根……非要说，我认为美国国父们怀有中国的价值观（America's Founding Fathers had Chinese values）。"[6] 凡是虎妈做派的，就都是中国的，虎妈之粗暴是如此刻意，在中西方之间乱点鸳鸯谱，西方读者不反弹才怪！

但为何中国读者也不买账？现有耶鲁法学院教授一位在

西方兜售中国教育之道，何妨把虎妈也算在中国模式的阵营内，得来全不费工夫呢？为什么非要说不呢？打量一下蔡教授，再读一读《战歌》第四章"蔡氏家族"（The Chuas），读者大概会有发自内心的质疑或困惑：凭你也能叫中国妈妈？看这位蔡姓女士，出生在美国，父母及其家族都生活在菲律宾，要往前数好几代，祖上才是中国东南沿海福建省的客家人，嫁了个犹太男人，生了两个混血女儿，若是在西方也罢，蔡教授有着黄皮肤和黑眼睛，但当《战歌》漂洋过海来面对中国读者，虎妈何以主张我是一个中国人，我之所为，就是中国育儿之道呢？这个问题在这里提出，并不是要刁难虎妈。想想看，《战歌》在书封上即有开门见山的交代，本书的主角是"一位母亲、两个女儿，以及她们的两条狗"，这里的"两条狗"又是什么，要是问一下中国人，那么他们必定会问，爸爸去哪儿了呢？这种讲故事的方法，真的是中国的吗，还是首先要迎合这本书从一开始就要诉诸的西方读者，因此不过是东方主义的又一次营销而已？

若是继续揣摩不满者的心理，恐怕还不仅如此。追溯《战歌》问世时，虽然只是短短七年之前，但虎妈的读者当年就心态而言，却仍停留在上一个时代的尾巴。那些年，我们的一些中产阶级父母正在乐此不疲地学习西式教育，以之安排自己的育儿之道，他们憎恨之所向，以及媒体火力所要全力绞杀的，正是中国土生土长的基础教育。虎妈在中国的第一波读者，基本上也就是这些做着美国梦的中国中产父母。在他们的认知中，这种以高考为最终检验标准的教育体制只会培养出高分的低能儿，家长要是有本事，就要让自己的孩子逃离高考——到美国去！他们以某种西式教育理念马首是瞻，正像模像样地推行着以快乐为本的教育，也因此，虎妈战歌唱得越响亮，读者心里也就越嘀咕，因为她在书中的每一次胜利都是对读者三观的一次冲击。

想一想《战歌》的中文版：《我在美国做妈妈：耶鲁法学院教授的育儿经》，[7] 从"虎妈的战歌"改为"我在美国做妈妈"，国内出版商做了用心良苦的改动，看似出入不大，但整本书的要旨却被改头换面，原本是在西方宣讲中国妈妈的管教之道，中文版却成了美国精英的育儿经，虎妈的中国身份在中文版的书名中早已消失无踪。据说蔡教授因此对这一版大为不满，身为耶鲁教授以及曾经的哈佛学子，她当然不愿意看到自己被改头换面，也不相信自己的作品非要被包装成"哈佛女生"才能卖得动。但在商言商，"我在美国做妈妈"在 2011 年显然更能打动人心，让中产父母心甘情愿地为之买单，看一看耶鲁法学院的教授是如何（相夫）教女的。时至今日，我们也许可以说，《战歌》这本书来得早了一些，现如今的中产父母都是"虎妈"了，他们当年对虎妈表示呵呵时，大概没有想到会有今天。《虎妈的战歌》，在中国是一本属于 2018 年及以后的书，时间还给虎妈一个公道，而历史的进程也让曾自以为是的中产家长尝到伤筋动骨的教训。不到十年的时间，他们就从快乐的素质教育理念消费者，被动成了中国的虎妈虎爸，那些当年向他们兜售快乐教育的人，现在转而贩卖焦虑，做的都是一本万利的生意。

"我不忍心再欺哄，但愿你听得懂。"[8]

三

继《虎妈的战歌》在全世界起火之后，蔡美儿教授片刻没有耽搁，2014 年初就同"虎爸"鲁本菲尔德教授联手，推出了《三件法宝》。这本书的副标题延续了蔡教授前两本书的命题风格，用"how"引出问题，以此打开读者的好奇心。《起火的世界》的问题是，"为什么输出自由市场民主，却收获种族仇恨和全球动荡"；《帝国之时代》则追问，"为什么超级大国可以崛起至全球霸主，它们又因何衰落"；这一次，虎妈虎爸向读者抛出问题，"为什么三种看似不可能的特征，却解释了文化团体在美国的成功和失败"。[9]

原本，虎爸就并非《战歌》里唯唯诺诺的为人夫者，对女儿只讲放任自由的为人父者，他在宪法学研究上成就斐然，此前也曾出版过两本成功的小说《谋杀的解析》和《死亡冲动》。现在，虎爸以犹太人的身份加入"战歌"，也就让故事从一个中国式家庭扩展至某些"文化团体"（cultural groups）。虽说《战歌》的现象级成功难以复现，《三件法宝》作为"战歌"之延续，还是让虎妈在版税上赚了个盆满钵满。

这大概也能解释为什么虎妈的同行向来对她颇有微词。他们心里的潜台词应当是这样的：真正的学术书一定是为极少数人而写的，往往曲高和寡，反过来说，商业上的成功只能证明作者的媚俗，不过是投大众所好。简言之，学术和市场不可兼得！一本接着一本，从《起火的世界》（2002）、《帝国之时代》（2007），到《虎妈的战歌》（2011）以及《三件法宝》（2014），再算上 2018 年刚刚出版的《政治的部族》，这一路算下来，蔡教授保持着四年一本畅销书的节奏，在学术界内外名利双收，又不受论文发表和引证的考验，怎能不让人羡慕嫉妒恨呢？

　　如果一本本来算账，蔡教授的写作跨度可谓是令人叹为观止：下笔千言，但每本书的主题相距又何止万里。《起火的世界》是蔡教授的头生子，严格说来，也只有这本书是她在所处领域的专业之作，厚积而薄发。理解这本书的意义，首先应明确它不是"9·11"事件发生后临时抱佛脚的应景之作，在飞机撞向"双子塔"后，加入政治正确的洪流去反思资本主义的全球化，非但不需要横眉冷对的勇气，其实只是狐假虎威而已。《起火的世界》虽然出版于"9·11"事件一年后，但蔡教授的主要论点早在 1998 年就已经和盘托出，白纸黑字的论断，可参见她发表于《耶鲁法学杂志》的长文《市场、民主和种族：迈向法律与发展的新范式》。[10]在书中，批判的武器从一开始就对准了冷战后妄言历史终结的观察家，福山先生当年可是鼓吹自由市场民主解决一切呢，著名写手弗里德曼甚至到 2005 年还出版了《世界是平的》，也同样风靡全球了啊，对于这些天真的论调，如 Elle 杂志（中文版为《世界时装之苑》）的评论，蔡教授的这本书不亚于"一记响亮的耳光"。

为什么在众人皆醉的历史进程中，蔡教授却能独自清醒，她之视野所及，又有什么是弗里德曼这些弄潮儿看不到的？《起火的世界》一开篇，蔡美儿讲述了发生在菲律宾蔡氏家族的一场悲剧，她的姑妈在家中被自己的司机谋杀，割喉致命，正是从悲剧出发，蔡教授提出了贯穿全书的核心概念"主导市场的少数族群"（market - dominant minorities）——一个常见于非西方国家和地区的存在。任何社会，只要存在着这种少数群体，那么市场和民主之间就难免一场结构性的冲突。说得简单些，自由市场偏爱少数人，甚至可能让非我族类的外来者张开掠夺之手，聚敛起巨额财富；而选举民主一人一票，多数人说了算，结果就可能是土生土长的群众选出了一个操弄民粹情绪的政府。这样的态势一旦形成，要么就是市场主宰民主，催生出所谓的裙带资本主义，要么就是民主摧毁市场，类似多数人的暴政，歇斯底里的群众将怒火发泄在经济精英的身上，情势必要时，甚至肉体消灭之。照理说，民主和市场都是启蒙时代的好东西，但不受节制的市场，再加上没有法治制衡的民主，就可能祸害一方，精英和民众都逃无可逃。

《起火的世界》叫好又叫座，让蔡教授在写作的道路上有资本打开脑洞。公允讲，2007 年的《帝国之时代》讨论古今中西大国的兴与衰，对蔡教授而言不算越界之作，尤其是在耶鲁这个据说"除了不教法律，什么都教"（anything but law）的法学院内，一个不会写小说的宪法学家是演不好戏剧的（例如"虎爸"鲁本菲尔德）。更何况，真正的学者向来都是问题导向的，活人难道还要被领域框死！2007 年前后，"9·11"后第六年，正是法学界有识之士开始呼吁在研究中重新带回"帝国"之时，蔡教授不失时机地加入了这场自带流量的焦点讨论。虽然有著名作家罗伯特·卡普兰和哈佛帝国学者奈尔·弗格森背书加持，但读罢《帝国的时代》，我却难掩失望。

两相对比，《起火的世界》有多么政治不正确，《帝国之时代》在学术场域的政治上就有多安全。蔡教授上下五千年，只是为了说明一个道理：帝国如要崛起，制霸自身所知且所在的"世界"，成功的秘诀归根到底是"宽容"，因为人才总是不拘一格而降于各地的，只有做到宽容，国家才能如磁铁一样吸引异邦人才，最终得"天下"英才而用之，则帝国兴焉。但帝国崛起之路上以宽容为本，势必包含着诸多政治部族的多元杂处，话糙理不糙，分裂的种子早已埋下。终有一天，"政治胶水"无法继续黏合起杂多族群的分歧，多元无法共存于一体，身份政治抬头，每个政治部族都自以为是地追问"我们是谁"，文化内战兴起，帝国也就由此开始了盛极而衰的下坡路。简言之，帝国之命运，成也宽容，败也宽容。

这论题是如此庸常，甚至多少有些陈词滥调，阅读《起火的世界》时那种惊喜感，至此已经所剩无几。但也要承认，就书论书，《帝国之时代》阅读体验并不差，首先是作者写作水准有增无减，故事讲得精彩纷呈，更重要的还在于，蔡教授对"宽容"下了一个非常宽容的定义，并不是非要平等尊重每一个人，包括政治异见分子，才叫宽容（也许在她看来，这种宽容观，本身就是生活在启蒙时代之后自由主义的偏见），"在我运用这个概念时，宽容所指的仅仅是，让极其不同的族群在你的社会里生活、工作并且繁衍下去——即便只是出于工具或战略的理由"，简言之，只要允许百家争鸣，而不是焚书坑儒，那就符合蔡教授的"宽容"尺度。如此一来，社会科学的书呆子也许认为是属于选择偏差的案例，却构成了《帝国之时代》最骨骼清奇的章节。在专章讨论"混血唐朝"作为"中国的黄金时代"时，蔡教授给西方读者讲述了一代女皇武则天及其科举取士的国策，"女皇的创新标志着中国历史上的一次转折点。新确立的国家考试制度反映出全新的原则，也即政府官员应当仅仅根据教育和文学天赋而获得招录"[11]。下一章，转入讨论成吉思汗的蒙古帝国，也许是蔡教授自己都觉得这脑洞开得大了些，所以不忘先修辞过渡一下："请等一下——蒙古人是宽容的？"[12] 但论断却没有和稀泥："成吉思汗推行着相当宽容的政策，即便以现代标准而言都是如此，更不必说与同时代统治者做比较了。"[13] 无论以"宽容"作为帝国崛起之谜底的立论是否恰当，是否只是浮光掠影地理解帝国政治，蔡教授似乎没有多加追问，当然也不是我们要关切的。总之，书是好书，也相当成功，这就已足够。美中不足的是此书中文版先后经历数个版本，但直到2016年仍将Amy Chua忠实地译成"艾米·蔡"，两位译者显然是两耳不闻窗外事，到了虎妈横空出世的第五年，也对这位华裔的耶鲁女教授没有了解一下，哪怕只是问问百度。

跳过《虎妈的战歌》，直接进入作为"战歌"之番外篇的《三件法宝》。但这一次，夫妻合璧，琴瑟和弦，却未能延续"战歌"的成功，也许《战歌》之盛况，原本就是可一不可二。商业上的销量难以摸清虚实，不过这本据两位作者说"提供了一种看待成功之新方式"的书，用学术判准来看，实在写得有些水，让我开卷后几度欲弃书而去。书之开篇，首先交代了美国梦破碎的历史进程，"如果你是出生在1960年之后的美国人，那么你的人生很大程度上取决于你的父母是谁"[14]；但问题是，美国梦并非让每个人都心碎，对于某些"文化群体"来说，美国梦仍触手可及。若是属于这些族群部落的成员，只要付出个人的奋斗，就有很大可能走向人生的成功。为什么美国梦偏爱某些"文化群体"，这是《三件法宝》所要回答的问题。

哪些族群呢？虎妈和虎爸就是当仁不让的幸运儿，华裔和犹太裔的身份让他们可以现身说法，继续挖掘个人奋斗和家族浮沉的历史故事，再用文化人类学包装一下呈献给读者。作者之身份就是最牢靠的挡箭牌，不会因看似政治不正确的立论而惹祸上身。无论如何，由少数族群亲口讲述他们为什么能，比起亨廷顿告诫盎格鲁-撒克逊白人不要忘本，要时刻牢记"我们是谁"，虎妈的基调在美国的政治文化中算不上违规。这些成功族群，无论是说与生俱来，还是在后天成长过程中习得，到底有哪些人无我有的文化特征以及行为模式呢，虎妈虎爸反求诸己，总结出走向成功的"三件法宝"。分别传授如下：第一件被称为"优越感"（superiority complex），就是要相信自己所在的族群是与众不同、独一无二的——我们不一样；第二件是"不安全感"（insecurity），按照作者的解释，这是"一种不满——关于你在社会中的价值或位置，怀有一种不确定的焦虑"，简言之，明天不一定会更好，有可能更糟糕；第三件法宝则是"冲动之控制"（impulse control），对人生要有长远的规划，不能任由一时兴起的念头而主宰自己的举动，比如，不能因为今天的困难而放弃长久的目标。在定义这第三件法宝时，有一句非常鲁本菲尔德教授的话，"活在当下，是现代性的律令，而那些可以控制冲动的人，不是活在当下的。"最终，三件法宝如果在某个群体那里集于一身，那么生为这个群体的人，既有力争上游的动力（优越感+不安全感），又在面对困境时不轻言放弃，自觉坚持下去（优越感+冲动控制）。他们不是活在短促的当下，只寻求一时之满足，为了明天会更好，他们甘愿在今天吃更多的苦。这种风物长宜放眼量的人生态度，对中国人来说，实在太过稀松平常，毕竟三岁小孩都会背"少壮不努力，老大徒伤悲"，甚至是"吃得苦中苦，方为人上人"。这大概就是我读《三件法宝》的感受，即便你们讲得都对，so what？还不是听过很多人生的道理，却依然过不好这一生。

终于到了2018年2月，虎妈在企鹅出版社推出了她的第五本书《政治的部族：团体冲动与民族之命运》，一如既往，我作为粉丝迫不及待地网购了这本新书。[15]

四

西谚有云：狐狸知道许多事，而刺猬知道一件大事。经柏林之演绎，这句话成为人文社科学界尽人皆知的比喻，如果借这种两分提出我们的问题，那么虎妈到底是狐狸，还是刺猬呢？

种种迹象表明，虎妈分明是一个狐狸，显而易见，她知道许多事。前述四本书，读起来可谓下笔千言，彼此之间却离题万里。何不就此宣判她是一个机会主义的学者，在选题上一惯于见风使舵。"9·11"之后谈全球化和帝国政治；中国崛起的新时代转而兜售中国文化，在西方的英文世界讲述中国的故事；你看现在，她在新书中又开始讨论政治的"部族主义"，就好像是在说，闪开，让我来告诉你们，特朗普为什么上台。每一步，蔡美儿教授都没有落空，极其精准地踩到了时代的热点，只谈这一份敏锐的商业学术嗅觉，在法学界可以说是一时无二。即便同在一个屋檐下，虎爸鲁本菲尔德教授两次越界，就算不上那么成功，若是按照文学作品的销量级数，他那两本小说只能说是不温不火——当然，这丝毫没有影响我在学术上对鲁本菲尔德的敬意，虽然他的《自由与时间：关于立宪自治的一种理论》[16] 连个平装版都没机会出，但以学术贡献而论，仍是当代最具原创性的宪法理论，哈佛网红教授桑德尔也支持我的看法，他高度评价自己当年课上的助教，认为他的书"将重塑关于美国宪法及其在民主生活中之角色的讨论"，结果虽然真没做到，但学术评价说到底不能仅以成败论英雄。

不抱有任何对狐狸的敌意，我们可否思考另一种可能：在狐狸的表象下，虎妈有颗刺猬的心，是一只披着狐狸外衣的刺猬。蔡教授选题上看似漂移，但在那个刺猬的世界里，反而存在着深层的连贯，是在一个大事上的连击和交响？这么提出问题，并非预设着只有刺猬才是真学者（因此无意为虎妈辩护，她也无需我在此辩护），最终还是回到我们的出发点，在中文世界里，虎妈应该怎么读？若确实存在着另一种读法，那么这种作为刺猬的虎妈能否对我们有新的启示，而不是感受五味杂陈却报一声呵呵了事？

虎妈的论述看似狐狸万变，但却有一个大问题隐匿在其中，由始至终一以贯之，我将之表述为：在全球化时代，多元社会内少数族群的命运。横看成岭侧成峰，一旦这个问题的线索浮现出来，我们可以发现一个不一样的虎妈。再简单复习一下，《起火的世界》作为虎妈的头生子，她所提出的核心概念是"主导市场的少数族群"，正是这种群体在非西方社会的普遍存在，才制造了自由市场和选举民主之间的结构性冲突。在这本书后，虽然这个概念在蔡教授的笔下消失无踪，但它所对应的那个实体始终是她的主角。

再想一下《帝国之时代》，之所以心思用尽，却只能给出一个平淡无奇的结论，宽容乃帝国崛起之道，也因为少数族群仍是蔡教授的着眼点。在这个刺猬的世界中，《帝国之时代》其实构成了《起火的世界》的续篇，是在历史纵深的维度上对"主导市场的少数族群"的追溯。一分为二，帝国如何崛起，讲述的是少数族群在以宽容立国的共同体内得以齐放争鸣的历史阶段，而帝国之衰落，也就对应着帝国无法继续寓杂多于一体，而这不正是一个"起火的世界"的历史剧场版吗？

"2009年6月29日，从俄罗斯返回的次日，我开始写作这本书。我不知道我为什么要写，也不知道这本书将以何收场"，如按蔡教授所言，从《虎妈的战歌》到《三件法宝》，只能说是她写作一次多少带有偶然的跨界，要不是她和女儿在莫斯科红场餐厅一时意气的冲突，世上本无虎妈，而也许耶鲁法学院要多了一位在专业领域内深耕细作的法学家——在那个"要不是……"的时空里，蔡教授写了自己的第三本书，建构了一种新的规范性民主理论，以如何对待"主导市场的少数族群"为中心……但刺猬的世界可没有什么纯粹的偶然，都是一件大事的开花结果，具体地说，《虎妈的战歌》和《三件法宝》都是"主导市场的少数群体"这棵藤上结出的瓜。如果说《战歌》还只是讲述虎妈自己的故事，那么《三件法宝》就已经破题，为什么某些少数族群可以主宰经济市场的命脉，走向成功的人生。这两本书，既可以当作育儿经和成功学来咀嚼，有心人也可以视为文化人类学的作品来翻翻。

只要我们把蔡教授的人生和学术贯通起来，那么虎妈内心的刺猬世界，说到底是一个"不忘初心"的动人故事。她之所以对少数族群的命运如此关切，变着法儿地讨论，就是因为她自己就出身于这种"政治部族"，进而"长大后我就成了你"。读虎妈，我觉得她有时的喋喋不休反而是如此可爱，不止一次，她讲到父母初至美利坚饿其体肤的困苦岁月，在新英格兰的冬天无钱支付暖气费，只能裹紧棉被取暖，相同的情节在《帝国之时代》和《虎妈的战歌》里都出现过，我对照过原文，甚至讲得一字不差。也就是说，虎妈的立论以及她对整个世界的看法，都深深地扎根于她的"部族"出身。这也是虎妈为何如此喜欢讲述她的家族故事，那个东南亚的塑料生产线，不时浮现在耶鲁法学教授的笔下：不仅《虎妈的战歌》和《三件法宝》，《起火的世界》讲述全球化时代的世界秩序，却开篇于蔡氏家族的悲剧，她在菲律宾的姑妈在家中被司机割喉，而《帝国之时代》笔下纵横捭阖，开篇同样是虎妈的家务事："我想我的父母是典型的美国人。他和我母亲都是华裔，但在菲律宾长大。他们孩童时代正是第二次世界大战期间，生活在日军枪口下，直到麦克阿瑟将军在 1945 年解放菲律宾。我父亲还记得，他们手舞足蹈，奔跑在美军吉普后，等着美国大兵扔出午餐肉的空罐子。"[17]

"人以群分"（Humans are tribal），蔡教授的新书《政治的部族》开篇做如是宣告，在此意义上，我把这本书理解为虎妈的一次阶段性理论总结，在前四本以不同的视角甚至文体切入"少数族群"之后，新书终于给出了虎妈的"政治部族"理论。如果看到西方学界近年来关于身份政治的讨论已成新热点，远的不必说，就看在知识界颇有风向标作用的福山先生，也将于今年秋季推出他讨论身份政治的新书——《身份：对尊严之需求以及仇恨的政治》，[18] 那么我们又很容易把虎妈的第五本书判定为一本跟风之作。如果说我在这里的讨论想证明什么，那就是虎妈到今日为止的全部论述实有一个贯通的线索：身份的政治，构成了她的刺猬世界里的那个大事。

也是在这一点上，这位华裔女性教授，反而要比大多数白人男性理论家更早地感知到后冷战时代的根本问题，并以自己所选择的讲述方式隐晦地表达出来。我们不能因为她独具一格的表达方式，甚至商业上的成功，就否定虎妈也有自己的理论。在她那个刺猬的世界里，虎妈反而要比见风使舵如福山者不知道高到哪里去了。如她在新书内所言，再次回到了《起火的世界》里的判断，"在我们眼中，世界就是地域性的民族国家，陷于根本的意识形态斗争——资本主义 vs 共产主义、民主 vs 威权、'自由世界' vs '邪恶轴心'。因我们意识形态棱镜的遮蔽，我们一次又一次忽视了更为原生性的族群身份，对于世界上数以十亿计的人口来说，族群身份才是最根本也最有意义的，引燃着世界各地的政治动荡。"[19]

读虎妈时，有一些读者会失望，寻理论而不遇，当他们习惯性地期待着社会契约、无知之幕或审议民主时，蔡教授笔下仍是姑妈遇害、女儿叛逆和妹妹患病——这就是虎妈表达自己思考的方式。我们当然可以认为她是浅尝辄止的，但反过来说，知道如何适可而止，不正是一种美德吗？每一个学者都有自己的分工，吃哪一碗饭，是老天爷赏赐的，虎妈从一开始也没有立志要做另一个布鲁斯·阿克曼或哈贝马斯。但在那个刺猬的世界里，从《起火的世界》至今，蔡教授关于政治族群的论述，足以让她成为我们这个时代最敏锐的观察家、评论家和思考者。

一如既往，我期待着她的新书，第六本书。

注释

1. Amy Chua, *World on Fire：How Exporting Free Market Democracy Breeds Ethnic Hatred and Global Instability*, Doubleday, 2002；此书中译本的最新版本参见［美］蔡美儿：《起火的世界：自由市场民主与种族仇恨、全球动荡》，刘怀昭译，中国政法大学出版社 2017 年版。

2. Amy Chua, *Day of Empire：How Hyperpowers Rise to Global Dominance‐and Why They Fall*, Doubleday, 2007.

3. Amy Chua, *Battle Hymn of the Tiger Mother*, Penguin Press, 2011.

4. Amy Chua, "Why Chinese Mothers Are Superior", in *The Wall Street Journal*, January 8, 2011.

5. Amy Chua, *Battle Hymn of the Tiger Mother*, Penguin Press, chapter 11, 2011.

6. Amy Chua, *Battle Hymn of the Tiger Mother*, Penguin Press, coda, 2011.

7. ［美］蔡美儿：《我在美国做妈妈：耶鲁法学院教授的育儿经》，张新华译，中信出版社 2011 年版，此后修改为《虎妈战歌》。

8. 歌曲《人间》。

9. Amy Chua and Jed Rubenfeld, *The Triple Package：How Three Unlikely Traits Explain the Rise and Fall of Cultural Groups in America*, Penguin Press, 2014.

10. Amy Chua, "Markets, Democracy, and Ethnicity：Toward a New Paradigm for Law and Development", in *Yale Law Journal*, vol. 108, 1998, pp. 1‐108.

11. Amy Chua, *Day of Empire：How Hyperpowers Rise to Global Dominance‐and Why They Fall*, Doubleday, 2007, p. 74.

12. Amy Chua, *Day of Empire：How Hyperpowers Rise to Global Dominance‐and Why They Fall*, Doubleday, p. xxiii, 2007.

13. Amy Chua, *Day of Empire：How Hyperpowers Rise to Global Dominance‐and Why They Fall*, Doubleday, 2007, p. 89.

14. Amy Chua and Jed Rubenfeld, *The Triple Package：How Three Unlikely Traits Explain the Rise and Fall of Cultural Groups in America*, Penguin Press, chapter 1, 2014.

15. Amy Chua, *Political Tribes: Group Instinct and the Fate of Nations*, Penguin Press, 2018.

16. Jed Rubenfeld, *Freedom and Time: A Theory of Constitutional Self-Government*, Yale University Press, 2001.

17. Amy Chua, *Day of Empire: How Hyperpowers Rise to Global Dominance-and Why They Fall*, Doubleday, 2007, p. xiii.

18. Francis Fukuyama, *Identity: The Demand for Dignity and the Politics of Resentment*, Farrar, Straus and Giroux, 2018.

19. Amy Chua, *Political Tribes: Group Instinct and the Fate of Nations*, Penguin Press, 2018, pp. 1-2.

再见美国梦

——读帕特南《我们的孩子》

你的过去并非我的过去，

你的现在甚至也不是我的现在。

——谢丽尔，摘自《我们的孩子》

一

　　半个世纪后，帕特南教授还记得高中时的那次失败，竞选学生会主席，最终却输给了自己的同班同学，一位名叫"杰西"的黑肤色男生。写作《我们的孩子》时，帕特南有机会同老友重聚，谈笑风生之间仍未忘记这件往事，而这整本书，也就起笔于一个群体的"民族志"——作为生活并成长于其中的一分子，在高中毕业五十多年后，帕特南记录下俄亥俄州克林顿港中学1959届毕业生的人生历程。1959年高中毕业时，"大家同学少年，风华正茂……虽然还对过去的生活眷恋不舍，但我们更对未来的前途信心百倍"[1]，而现在，在动笔成书时，帕特南感慨万分："半个世纪后，回首过去，我这一届同学活出了精彩的人生故事。"

　　追寻往事，帕特南难免思绪千万，他这么一个"小生意人"的儿子，祖上没人踏过大学的门槛，怎么就成为哈佛大学的教授了？按官方简历来说，1941年出生的他，出任过哈佛大学肯尼迪政府管理学院的院长、美国政治学协会的主席、国家科学院院士；并同政界过从甚密，曾受聘担任美、英、法等国多届国家元首和政府首脑的资深顾问。学者用作品来说话，他的代表作《使民主运转起来》和《独自打保龄》[2] 都已成为现代社会科学的经典，影响至为深远——当然也包括了这本英文原书出版于 2015 年，并在两年后有了中译本的《我们的孩子》。做学者当如帕特南！

同各行各业的"状元"一样，帕特南也曾把自己的成功归结为个人的天赋以及后天之努力，《我们的孩子》写到最后一章，他袒露心迹："我从来都这么认为，我出身于克林顿港的一个平凡家庭，能有今天的成功是来自我的个人奋斗。"而这么一种个人主义的叙事，将一个人此刻的成功归因于此前的努力，正是美国梦的要旨。或者说，若要给"美国梦"下一个定义，那就是任何人，只要肯努力，就能走向成功，至于那些与生俱来的身份特征，如种族、肤色、性别，至少不会构成成功路上不可逾越的路障。在此意义上，美国梦讲述的就是社会科学中所谓的"社会流动"：为什么出生在小商人家庭，却成了名动天下的大教授？在美国梦的逻辑里，答案只有一个，在于此人的努力。

如果说何处最能看到《我们的孩子》之关怀和用心，那就是帕特南教授的自我批评，"在完成这项研究后，我知道了自己先前的无知。"知道了自己的无知，让帕特南有了发自内心的敬畏：原来，成功不仅要靠个人的奋斗，还要考虑到历史的进程。这个"历史进程"，在帕特南的笔下，就是"那个更为社区主义和平等主义的年代"以及"那个时代的家庭、社区和公共机构"，在书稿即将杀青之时，教授终于明白并不吝于承认，他的好运气，原来依附于一段具体的历史进程，脱离了特定的社会结构而空谈个人奋斗，只是心灵鸡汤成功学的路子。

问题于是出现，美国1959届的中学生可以靠自我奋斗来改变命运，但时过境已迁，"我们"可以做到的，"我们的孩子"却无法做到。对比前后两代人的命运，帕特南有一好比："这就好像曾有一道自动扶梯带着1959届的大多数学生向高处走，但就在我们自己的子女行将踏上之际，这扶梯却戛然而止。"没有了这道人生扶梯，社会流动陷入停滞，最终让帕特南做出全书的关键论断，美国梦已经陷入前所未有的危机。

到底这半个世纪发生了什么，让美国梦从一代人的生活方式变成现如今的梦想破碎了一地，《我们的孩子》整本书就在回答这个问题，也是帕特南自己对自己的答疑解惑。没有什么吓唬人或忽悠人的高头讲章，帕特南的命题可以一言以蔽之：基于贫富的阶级隔离越来越森严，由此将"合众国"区分为不可同日而语的两个美国，出生于什么家庭以及出身于哪个阶级，就在很大程度上决定了孩子的未来命运。看看帕特南的原文吧，教授说得没有半点迟疑："在当代美国，一道社会藩篱正在成为50年代不可想象的新顽疾：孩子们的阶级出身。"种族和性别这些传统上的身份因素，并未完全退出历史舞台，但在美国梦走向衰落的现阶段，起决定作用的是"阶级"——在全书中，帕特南用父母的经济收入和受教育程度来定义孩子的阶级出身。横亘于两个美国之间的，是密不透风的阶级之别，在田野访谈时，帕特南的另一位黑人女同学把这种隔离表达得一针见血："你的过去并非我的过去，你的现在甚至也不是我的现在。"

"幸福的家庭都是相似的，不幸的家庭却各有各的不幸"，帕特南用托尔斯泰的名句来浇灌自己心中的块垒，"有钱人的幸福总是相似的……但现如今的穷人要不幸得多"。半个世纪后，上层阶级在美国仍过着幸福的生活，更不要说位于金字塔最顶端的那"1%"，这些生活无国界的资本巨鳄从来没有构成帕特南这本书的分析对象；问题在于，下层阶级却遭遇了生活秩序的全面崩溃。回到帕特南成长时代的克林顿港，想一想他那位名叫"唐"的同学是怎么说的：虽然全家人的晚餐就是"把厨房里所有能吃的东西配上土豆一起油炸"，但"我从来不知道自己是个穷孩子"。那么半个世纪后呢？帕特南是这样写的："今天的穷孩子身处当年的工人阶级子弟想都想不到的恶劣境地"，"穷人家的孩子仿佛在脚踝上绑着千斤巨石，越往上走，越步履艰难"。

帕特南的研究从不故弄玄虚以炫技，永葆一种直抒胸臆的真诚，正如多年前的《独自打保龄》，封面上，一位中年男子孤单地站在保龄球道前，茕茕孑立，整本书的观点尽收画中：美国人社会关系全面原子化，每个人都成了一个孤岛。《我们的孩子》也是如此，看一看中文版的封面：虽然同样生活在星条旗下，但在奔向人生成功的跑道上，孩子们却出发于不同的起跑线，决定你是要跑满全程，还是只用半程就可以走向人生巅峰的，是你的阶级出身——说得直白些，你有一个富爸爸，还是穷爸爸。

美国梦之破碎，背后隐藏着一曲悲歌。它所咏叹的，是作为全称而存在的整个社会，阶级分析之纳入，所要追问的就是，在大时代的变革中，谁在被伤害，谁受到剥夺，谁在历史的进程中承受苦难，却发不出声音。就在《我们的孩子》出版后不久，一位从耶鲁法学院毕业的乡下男孩用个人自传的文体，讲述了他的《乡下人的悲歌》[3]，一时间风靡全美，成为现象级的畅销书——如果借用这本书的修辞，那么帕特南所关注的，他所看到正在上演的那出悲剧，就是美国工人阶级及其家庭的悲歌。

二

"现如今，来自不同社会经济背景的青少年，他们是否还能获得大致相等的人生机会，而机会平等的状况在过去数十年中是否发生了改变？"抚今追昔，1959届的同学会在书里重聚后，帕特南提出了他的问题——在英文原版里，整个句子用斜体以示强调。答案自不待言，美国梦之危机，也就意味着，机会平等对于今天的穷孩子来说，只能说是一场幻象。帕特南的行文虽然张弛有度，却难掩悲天悯人的情怀：人生而平等，但从摇篮到坟墓，却无往不在不平等之中。

直至 1959 年中学毕业，教授都生活在克林顿港，用他的话说，"在这个伊利湖畔欢乐友好的市镇，我们度过了美好的少年时光"。回到美国历史的进程，帕特南青春年少时，正赶上由罗斯福新政所开启的新时代——就在他出生的四年前，民主党人从同旧法院的斗争中夺取了新政改革的全面胜利。得益于罗斯福新政的改革，普遍的经济繁荣，让小镇上的所有人都能从中获益，"那个年代，一个勤劳的人不愁没工作，工会组织也强健有力，很少有家庭会遭遇失业或严重的经济困境"。不患寡而患不均，平等更重要，也是在这一历史阶段，美国社会迎来了"一段相对平等的漫长时期"——"由于两次世界大战以及发生于其间的经济大萧条的冲击，经济金字塔被夷为平地，但是在二战结束后的三十年间，这种平等化的势头仍不减当年，也就是在这段平等主义的周期内，我和班上的同学们在克林顿港长大"。在这种普遍繁荣并相对平等的社会中，"几乎每一个孩子都成长于完整的家庭中，生活在自家拥有的房产里，邻里之间友爱团结"。

　　饮水思源，帕特南所言的人生"自动扶梯"，是由新政民主党及其统治联盟所打造的，要投身现如今的美国政治论战，一个现成的靶子当然就是由里根革命所引入的保守主义国策。社会科学的研究已然坐实，正是市场教条派鼓吹"让国家缩水"的放任自由教义，近半个世纪以来兴风作浪，才让美国社会的贫富分化竟至发展到今时今日的地步。但帕特南既不屑于在文化内战做没头脑的党徒，也早摆脱了专家型学者的低级趣味，他的高明之处，就在于他不唯政治正确马首是瞻，不以派性定是非，让屁股决定脑袋，也不曾借用学术规范而自我设限，安于目光短浅，却把责任推给现实的政治。既然要动笔写《我们的孩子》，要描绘出美国梦衰落的社会图景及其根源，他所要负责的，就不是某个党派或者某些同行，而是整个美国社会以及全体人民，尤其要关注那些在历史的进程中被剥夺和伤害的沉默群体。

这么说，并不是我作为译者来抬高作者以及这本书——整部书的篇章结构已经表明了作者的用心。是时候展示帕特南的手笔了，在他笔下，从20世纪70年代开始出现的贫富分化，只是一颗种子，要生根发芽，最终枝蔓到社会生活的全部领域。《我们的孩子》就是这么展开的，主体部分共四章，分别讨论了"家庭结构"、"为人父母"、"学校条件"，以及"邻里社区"。这样的编排匠心独具，作者之用心，就是要完整追踪孩子成长必须经历的不同阶段以及环境。帕特南并不像传统左派，动辄自命为劳苦大众的代言人，变着花样地控诉贫富两极分化——他甚至没有用专章讨论经济收入和家庭财富的不平等，从第二章起，就径直进入家庭问题的分析。这样的安排，就大大扩展了讨论不平等问题的方式和空间——不平等之发生虽然根源于经济，但其扩展却从来不限于物质财富的分配。

马克思可以说是帕特南在字里行间的导师，不仅是要把

"阶级"重新带回来，而且还有这种由经济基础而上层建筑的思考方法和写作安排。在这种辩证的框架内，帕特南始终追求叙事的均衡，而不是思路的奇巧：一方面，在讨论社会规范之零落时，他没有切割文化和经济，始终关照作为根源的经济问题，因此自觉地对抗居于右翼的文化保守派，另一方面，他也没有重弹自由左派的老调，而将重心始终放在家庭、教育和社区领域内，试图以此发现新社会运动可以诉诸和动员的群众基础。看似有左右逢源之嫌，其实却是极高明而道中庸的写法，而且在美国文化内战已经导致身份政治为祸一时的现阶段，这种不把屁股端坐在某个阵营，而追求实事求是的写法，恰恰是更需要胆识的！

从"家庭结构"讲起，美国社会的病症之深，常令作为译者的我感到触目惊心——虽然一早就知道这本书的基调是唱衰美国，但遇见一幅又一幅由历时半个世纪的社会指标以及数据所转化的"阶级剪刀差"图后，仍难免心生感慨，美国社会还会不会好了？不平等如滚雪球那样越滚越大，无分西东地笼罩于绝大多数的社会，成为困扰全人类的一道难题。回到帕特南的笔端，姑且不论具体成因何所在，经济不平等的加剧，以及由此所导致的新穷人阶级的出现，就构成了我们讨论问题的既定前提。对应着经济不平等的激化，家庭结构也出现了基于阶级的两极分化。以父母是否从大学毕业做区隔的标准，接受过完整高等教育的家长，他们的婚姻以及家庭都表现出较强的韧性，"一种所谓的'新传统'婚姻的模式已经出现";相比之下,那些求学止步于高中的为人父母者,即便进入婚姻殿堂,大多只能组合成社会学家所讲的"脆弱的家庭"。看看后一类父母/家庭,未受大学教育的女性群体,非婚生育率在 2010 年竟高达 65%,而其中黑人妈妈的数据更是到了细思恐极的 80%。与此相应,一个美国孩子若父母均未读过大学,则他生活在单亲家庭的可能性,从 1955 年的低于 20%,半个世纪以来一路攀升,到 2010 年前后已接近 70%——又是一个细思恐极的数字。相比之下,如果父母完成了高等教育,则这样的孩子生活在单亲家庭的比例始终没有超过 10%。数字上的天差地别可以说明一切!在穷孩子的成长过程中,父亲的缺席已经成为普遍存在的问题,"爸爸去哪儿了",在美国并不是一档亲子综艺节目,而是一个严肃的社会问题。

有什么样的父母,就有与之相应的教养方式,紧跟着家庭结构的讨论,帕特南的笔触变得更细致,转入了更日常生活化的"为人父母"之道。在教育子女的方式方法上,两个阶级之间又一次呈现出泾渭分明的差异:美国上层阶级的父母有钱有闲,深知知识就是权力,故此深谋远虑,走的是"精心栽培"的路线;而下层阶级的家长往往自顾不暇,成年人的生活都如一摊烂泥,因此只能(不得不)对子女"自然放养"。而在这种育儿路线区别之下,更多的差异还体现在日常生活的言行举止之间——魔鬼在细节中。出生并成长在不同的家庭,以阶级为分,不要说教育投资这样的经济开支项目，就是看那些在生活中习以为常的互动方式，比如说家庭晚餐、睡前讲故事，以及日复一日的口头交流，都摆脱不了阶级差异。丝毫不夸张，不平等在阶级社会里可说是如影随形，早已渗透到日常生活的方方面面，乃至于人的一举手，一投足。到了该章收尾时，帕特南给出了一个残酷的结论："现如今，穷孩子从一出生就落于下风，他们的劣势是根深蒂固的，早在孩子们开始读小学之前，高下早已立判。"

一环紧扣一环，若是穷孩子已经输在起跑线上，那么学校教育能否解决出身不同所导致的不平等问题，帕特南紧接着转入对学校教育的讨论。毕竟，现代国家设立公立教育的系统，其初心所在，就是要让所有的孩子，尤其是穷苦出身的孩子，可以不顾家庭背景，都有知识改变命运的真实机会。但在这一问题上，帕特南的研究发现又一次让我们心灰意冷，学校教育挽救不了美国梦，对于日渐扩大的阶级鸿沟，教育不仅无济于事，甚至会推波助澜。公立教育的问题，并不是居住分布的阶级隔离而导致公立学校在资源投入上的差距，而是，即便富人区和贫民区的学校能维持公共财政投入的均等化，却仍无力改变穷孩子的命运——这才是惨淡到底的社会现实。决定学校教育质量的，并不是有形的物质投入，而是无形却又无所不在的氛围和风气，对此帕特南一语中的："你的同学是谁，这很重要"。教育学者已经得出"教育研究中的铁律"：学生群体的阶级构成会对在校生的成绩产生决定性的影响。基于此，帕特南将美国学校比作一个"共鸣箱"：富家子弟带到学校的是资源，贫民窟的学生却只会制造麻烦，惹出祸端，故此，在前者的学校是近朱者赤，到后者就变为近墨者黑。归根到底，公立学校的教育，即便政府在投放教育资源时可以做到按人头均等分配，但也难以还穷孩子读大学的公正机会，帕特南用一张"让我们如梦初醒"的图结束了这一章，读该图可知：在成绩好却出身贫穷家庭的孩子中间，只有29%的孩子最终从大学毕业，反观成绩差的富家子却有30%的概率拿到了大学文凭，由此得出的结论是，决定中学生能否大学毕业，家庭出身要比成绩更重要一点，但也正是这一个百分点，让帕特南心灰意冷："面对这一事实，我们只能宣告美国梦已经破碎。"

"幼吾幼以及人之幼"，这讲出了帕特南心中的那个克林顿港，"无论是否血脉相连，镇民们都把这群毕业生视作'我们的孩子'"——这里，曾是一个社会资本深厚的平等社群，发生在"独自打保龄"之前。"邻里社区"这章讲述了关于阶级剪刀差的又一个故事。每一个人，都深深嵌入在自己的"朋友圈"里，但这"朋友圈"却是由社会资本所决定的，没有大一统的普世，只有以身份所区隔的圈子。父母受教育程度越高，其社会关系网就越广；父母的"弱关系"（可以定义为"朋友的朋友"）有多少，也就决定了子女在人生道路上所能获得的保护和提携就有多少——家长的"朋友圈"大了，孩子们也见多识广。相比之下，穷孩子就难免孤陋寡闻，身边既无良师，也没有益友。在田野调查中，帕特南遇到了一件每每想来都"难免心碎"的事：原本是要访问做工人的父亲，受访者却将一大家子都带来了："我们就是想让两个孩子能亲眼看见一位真正上过大学、做着正经工作的女士。"确实如此，当爱已成往事，跨越阶级的婚姻难再寻觅，工人阶级的孩子就不可能在大家庭聚会上遇见白领叔叔或高知阿姨，他们的父母在社会关系的坐标系上宛如一座孤岛，穷孩子的生活哪里有什么诗和远方可言，他们所能想到的，就是活出个穷人样出来，你看，连青少年的肥胖症都有了越拉越大的阶级剪刀差了。

从家庭、学校到社区，阶级剪刀差步步紧随，穷孩子和富家子之间的差距于是也越拉越大："在今日之美国，中上阶级的孩子，无论他们来自什么种族，是何性别，生活在哪个地区，言行举止都惊人地相似；反过来，工人阶级的孩子看起来像是一个模子刻出来的。"

——寒门再难出贵子，社会流动陷入停滞，阶级固化，让美国梦成为泡影。

注释

1. ［美］罗伯特·帕特南：《我们的孩子》，田雷、宋昕译，中国政法大学出版社 2017 年版，第 3 页；下文如引用该书，则不另加脚注，直接在正文后标注所载页码。

2. 这两本书皆有中译本，参见 ［美］罗伯特·帕特南：《使民主运转起来：现代意大利的公民传统》，王列、赖海榕译，中国人民大学出版社2015年版；《独自打保龄：美国社区的衰落与复兴》，刘波等译，燕继荣审校，北京大学出版社2011年版。

3. ［美］J. D. 万斯：《乡下人的悲歌》，刘晓同、庄逸抒译，江苏凤凰文艺出版社2017年版。

不能把任何教条当作生活指南

晶报·深港书评关于《娇惯的心灵》专访

所有年轻人，年轻人，年轻人，

问题出现我再告诉大家！

——五条人：《问题出现我再告诉大家》

晶报·深港书评：你本身的研究方向是美国宪法，但你近年来译介的三本书《我们的孩子》《娇惯的心灵》《寒门子弟上大学》都是关于美国教育问题的，为什么你会对教育产生这么大兴趣？

田雷：这其中既有偶然也有必然吧。《我们的孩子》是我涉足教育问题的初译，动手是在2016年，一个特朗普还是商人的时代。"雅理译丛"是我主编的，我一开始邀请的译者没有时间，于是我就顶替上去了，因为这本书确实很打动我，正如你说，我之前的专业研究是美国宪法，关注的是规范性的法条以及写在书面上的制度，《我们的孩子》则带入了一个纵向深远的社会变迁的视角，所以翻译时就有很大的触动，尤其是美国下层社会生活秩序的崩溃，让当时的我大跌眼镜。

书上市后，我又察觉到原来教育问题是多么重要，一个石子下去就能引发层层波浪，是一个真正具有公共性的时代话题。这对我也是一个启发，过去学者的套路都是做学术性的翻译，比如我是研究美国宪法的，我就翻译美国宪法的专业著作，预设读者就是这个领域的研究者，覆盖其实很狭窄。从《我们的孩子》到我目前刚完成的《寒门子弟上大学》，我想也能体现出做翻译的另一种路径，通过翻译介入某些公共问题在国内的讨论吧。

说说刚出的《娇惯的心灵》，这本书的主题很清楚，美国的青少年一代被保护得越来越好，但也因此导致他们没能形成必要的抗压能力，遇到挫折或失败容易崩溃，甚至没有能力去承受或经历不一样的东西。类似的问题在国内有没有，我觉得也很难否认。按照我很有限的了解，国内教育学者以及相关领域的社科学者通常还是惯性使然，他们的写作主要是给专业同行看的，而很少诉诸社会公众，但不可否认，教育目前就是全社会最关心的问题，这也就意味着，整个社会对教育学者有了新的期待，他们中有些人应当超越在专业期刊上的"灌水"，而用自己的写作给社会公众有个基于专业研究的"交代"，包括尝试非虚构写作。我手边正在读的一本书，就是黄灯老师的新书《我的二本学生》。我不懂也做不了教育研究，只能搞点翻译，说上面这些话，其实就是自己内心里的一些期待，比方说，我就很想知道，曾经辉煌的县级中学（曾经还能出状元，但现在几乎被超级中学给垄断了，生源也不断流失）在过去20多年是如何衰败的，大多数人没法看专业论文，但我们想了解这个过程，并且很多人会觉得这个问题并不遥远，是与我们息息相关的。

　　晶报·深港书评：我在阅读这本书时，强烈感受到这本书不是单纯在谈教育问题，还展开到整个社会的结构性问题。

　　田雷：其实书上市后，我就在纠结一个问题，这到底是一本心理学类的书，还是社科类的书？在网店上，这本书是放在心理学类的，正是这一归类才让我意识到现在心理学类的书是真的特别多，据说销量也远超社科类，我最近常看新书排行榜，总算意识到国内这么庞大的心理学读物消费群体都在消费些什么。这个很有意思。比如，各个版本的《乌合之众》，真真假假的《自控力》，还有听上去很莫测的《墨菲定律》——书的副标题一般就是以"如何"（how to）来开头，一股浓浓的鸡汤味道。我觉得，社会公众不加分辨地去消费这么多"self-help"类的书，当然还有各路书商也在拼命制造"需求"，只能说明我们的社会目前也存在着普遍的心理问题，比如我们都知道的"贩卖焦虑"。

这么一对比，我觉得《娇惯的心灵》不是流行心理学的这类套路，它把美国当代青年大学生的心理问题放在了一个很有纵深的历史进程和很开阔的社会背景中。它的问题不是"how to"，而是"how"，美国社会是怎么一步步走到今天的，如我们在做宣传时特别摘出的书中金句，这本书"是一部社会科学的侦探小说，许多社会力量和历史进程的合流制造了这次'犯罪'"。读过这本书的人都知道，书中有六章分别梳理了六种历史线索，我觉得这是这本书特别见功力的地方。

当然，现在既然放在了"心理学类"，我的策略是将错就错，希望书能因此多卖点。

晶报·深港书评：你在接受采访时曾说过，"理解今天的中国社会，教育是非常好的一个切口"。就从你个人接受教育的经历以及你作为大学教授的观察而言，这一代青年，在接受教育方面有什么区别于上一代的关键特点？为什么家长有一种普遍的焦虑？

田雷：如果要谈个人的经历和感受，难免偏颇，但确实不妨从"我"谈起，做个引子。我属于"八十年代的新一辈"，香港回归的后一年走进大学的门。如果对我们那时候的学生做概括，与现在相比较，我们那时候基本上是"放养"，现在的家长是虎爸虎妈或者"直升机父母"。我们小时候，家长不怎么管我们——当然，不管不是说家长不希望我们出人头地，或者我们自己就不努力，可能就是那时候做父母的不像我们今天这么想问题和看世界。按照我的回忆，即便是那些家里有资源的，也少见处心积虑地对子女教育投资，没这个需求，可能也是社会并不提供教育服务的产品。当年真有差别，可能是地域间的差别，比如来自大城市和小城镇或农村的孩子进入大学后会不太一样，"见识"不一样。

但现在的不一样又是什么？为什么全社会都在教育问题上焦虑甚至陷入疯狂？一个社会科学的解释就是，社会不平等在加剧，而至少精英们心知肚明，教育或许正在成为不平等再产生的正当机制。我们的父辈为什么对我们能放养，就是因为那时候的社会结构就好像《新华字典》里说的，"张华考上了北京大学，李萍进了中等技术学校，我在百货公司当售货员：我们都有光明的前途。"但现在当阶级固化因为社会的长期稳定而成为现实或者变成合理的预期时，父母的焦虑就会出现，然后不断加剧，因为你自己的下一代会在阶级金字塔中往下掉，你担心自己的孩子考不上自己当年的大学。我最近在重看情景喜剧《我爱我家》（90年代初的电视剧），很多情节很真实地反映出当年社会的方方面面，但里面显然没有父母或全社会的教育焦虑，《我爱我家》里没有"顺义妈妈"。

还有一点略作补充，你提到焦虑是"普遍"的，因为本来就是情绪在互相传染，本来不那么焦虑的家长，只要刷一下朋友圈，看到"别人家的孩子"，焦虑也就马上上头了。

晶报·深港书评：书中非常强调对下一代"过度保护"的问题，这让我想到了最近时常发生的儿童读物被举报的事件。一些家长对"跳楼""异性相吸"等字眼异常敏感，他们认为儿童读物不应该出现这些词汇，会以这个理由向出版社举报要求下架。你怎么看待这种现象？

田雷：我有所耳闻，如果按照《娇惯的心灵》作者的看法，这当然是个别家长的好心却办了坏事的现象，是一种"过度保护"。我还是比较认同书中的基本观点的。过度保护当然是安全主义的心态在作祟，认为孩子是脆弱的，认为"不健康"的精神食粮会给孩子身心造成无可挽回的伤害，但长时段和大样本的社会经验表明，越是保护得密不透风，结果孩子就越长不大，经不起风浪，简言之，娇惯的心灵，就是脆弱的巨婴。

而且说得现实点，如果动辄举报，家长也有些小题大做了。做家长的应该知道，如果把孩子现在能接触到的信息源比作一个光谱，那正规出版物在其中已经是非常安全的区间了，相比之下，孩子只要拿起手机，所能接触到的东西，比出版物要危险不知多少倍——而且不需要孩子主动寻找，经常是推送给你的，这里面当然有商业机制，谁都知道哪些内容或者打着哪些内容的幌子，最能吸引眼球，最能引来流量。我儿子现在10岁，我从来不担心他看什么书，哪怕内容不那么积极向上，问题都不会太大，不过他拿起手机时，我就难免担心，那里面才是光怪陆离，"毒害"小孩子的东西显然更多。甚至也不只是社交媒体给你推送的内容，包括推送机制的算法以及背后所隐藏的商业模式都是值得反思的，最好距离远一些。要警惕社交媒体的"反社会"性，要控制未成年人的"屏幕时间"，是《娇惯的心灵》里的一个很重要的观点。

更何况，世界上的人原本就形形色色，再加上信息铺天盖地而来，总有些东西让你不舒服、不同意。书里也提到，现在网络暴力也是司空见惯，大家遇见后也都是宁可躲着走，不想给自己招惹不必要的麻烦。

晶报·深港书评：我们可以说在互联网时代人们彼此间

的沟通和交流应该是越来越频繁，但在此基础上，为什么我们似乎没有朝理性、客观讨论的氛围发展，反而导致不同人群间的严重分歧与撕裂，甚至如同《娇惯的心灵》所说的那样，大学生们形成了"我们 vs 敌人"二元对立的道德图谱，以最坏的恶意揣测别人呢？

田雷：其实这个问题已经不新鲜了，原因也基本有了定论，这些年出现了很多检讨互联网文化的书，包括《娇惯的心灵》都在分析这个问题。大家的观点基本上是一致的，因为社交媒体本来就是一个"人以群分"的机制，我们可以想一想，我们现在生活在"朋友圈"和"微信群"中，"圈"和"群"的存在，本来就是有所区隔且因此而封闭的。也就是说，互联网不是什么"一马平川"的世界，我们生活在网上，其实就是进入了一个又一个的信息茧房，"我觉得"不断得到正反馈的强化……就是这么一个细思极恐的循环。

我说个小事，希望不至于引发误解。前几天，《娇惯的心灵》在某个书友网站上收获了一个"差评"，评语里有句话，"这本书的推荐人没有一个女的"（中文版出版时，我们很荣幸地邀请到四位资深学者做推荐），这个理由在我看来就有些奇妙，一本书最后邀请了哪些学者，为什么是这四位，而不是其他人，这后面有太多是操作性的问题了，基本上和观念之争没关系。推荐人都是男的，因此就代表着某种主义或压迫……这个逻辑有些跳跃了。当然，我还是要说，"差评"是读者的权利。为什么会这样，我记得前几天在网上听项飙老师和陈嘉映老师有个对谈，他们分别提到"附近"的消失以及网络世界中的人不需要"转身"，对我很有启发，我想和这个有关系。

晶报·深港书评：可以展开说说，社交媒体对这一代人的影响到底存在于哪些方面？

田雷：《娇惯的心灵》有一章专门讨论这个问题，介绍了很多最新的研究成果，很值得一读。核心的观点很清楚，生于互联网世代的年轻一代，在进入大学后心理出问题的比例明显会急剧地上升，也就是说相关性很明显，那么后面的因果机制怎么讲？

按我个人的看法，生于互联网世代的孩子，对网上和现实的边界感可能是区分不清楚的。对我这个年龄的人而言，能把互联网装到口袋里的日子其实是很近的事，想想不过就10年吧，所以我们大概还能感知到网络是网络，现实是现实。但我很怀疑现在的孩子还能分辨出两个世界来。社交媒体又特别善于制造焦虑，或者说最后胜出的社交媒体靠的就是情绪的传染。我最近经常在抖音上刷到一个叫"四川观察"的号，粉丝好像快3000万了，很惊人，不过网友都调侃说它应该叫"四处观察"，因为它一天到晚都在更新全世界各地的灾难、冲突、意外……你会觉得全世界的不安都与你有关，因为就呈现在你的"面前"，让你的"附近"都淹没在这种"四处观察"中了，我觉得这种影响应该是笼罩性的，逃都逃不开。

另一个需要指出的，我在翻译这本书时也很受启发，就是社交媒体其实就是一个攀比机制，通过制造攀比来形成流量，故而社交媒体对青少年来说就是一种"关系性"的侵犯，而青春期的女孩子更容易在这种机制中受到伤害。打个比方，我就经常有这种感受，一刷朋友圈，就总能看到又有朋友发论文啦，我们就要去"点赞"，因为这是一种社交方式，但心里难免就会怀疑自己，为什么我最近效率不高，产量不够，速度不快啊，焦虑也就起来了。社交媒体就成了一个晒各种"merit"（功绩）的地方，我们就会担心自己被遗忘，或者压根就没有进入某个圈或群。

晶报·深港书评：你讲到边界的意识，让我联想到了当下年轻人似乎在文化上越来越保守，也许与边界意识的消失有关系。比如最近热播的《三十而已》，后期大家关注的焦点都放在了骂剧中的小三上，包括现在年轻一代人会以非常保守的态度去判断一个文艺作品三观"正不正"。现在的人是否会把现实和电视剧或者某些文艺作品的边界给模糊掉了？

田雷：《三十而已》我也看了，而且我有网上刷剧时看弹幕的习惯，所以也能看到观众很即时的情绪表达，但说到底，这种情绪聚散都很快，恐怕现在连林有有是谁，大家都忘了吧。但你要说这一代的年轻人是不是从文化上变得更保守，这个不能基于我们自己的观感，它本身就是一个很值得研究的问题。可能正是因为现在的年轻人是"人以群分"的，所以我们目前很难下全称的判断，这里面也许存在着基于阶级、受教育程度、地域等等因素的差异，当然在具体的议题群上也能表现出差异，比方说骂小三的和支持同性婚姻的也许是同一群人。

在这里，我们的社会科学研究者应当站出来，不再是论文流水线上的码字工人，而要承担起社会科普或非虚构写作的任务。我们需要通过自己的研究和写作来介入，社会科学应当给我们呈现出一个更纵深、也更宽广的图景，否则的话，我们对社会现象的分析就只能凭借着自己的印象或跟着感觉来。我个人一直期待国内学者能写出中国版的《我们的孩子》或《娇惯的心灵》，那个比我翻译的价值要大多了。

晶报·深港书评：过去"政治正确"曾经是一个略带贬义的概念，带有对刻板观点的嘲讽。但今天看来，年轻人似乎越来越讲"政治正确"了，你如何看待这种变化的产生和发展？

田雷："政治正确"主要是个美国现象。但美国为什么会这样，政治正确似乎越来越泛化，占夺了原本可以自由讨论、实事求是的表达空间，首先确实和其社会长期存在的结构性不平等有关系——写在书面上的法律讲人人平等，但现实里隐而不彰的是各种各样的不平等以及压制，所以"政治正确"根源于这个社会结构。但现在的问题显然是走过头了，成了为了批判而批判，为了反对而反对，尤其不应该成为年轻人看待世界的方式。就我个人而言，非常难以理解的就是以政治正确的名义去"净化"历史，比如推倒建国者的塑像。我是研究美国宪法的，美国宪法一开始是保护奴隶制的，在林肯牺牲前，奴隶制在美国最大的保护伞就是美国宪法，政治正确如果要真走到底，那逻辑上的结论就是把宪法一把火烧了。

国内的举报，好像主要流行在"饭圈"。我从前对"饭圈"有个误解，可能是近年来观察美国所形成的阶级分层思维定式，我一直认为"饭圈"是小镇青年的事。这次《娇惯的心灵》出版后，我们学校有位辅导员老师读完后和我交流，最让她感触的是书中所提到的第三条人生谬误，"生活是好人与恶人之间的斗争"，我才知道自己身边有些学生也有"饭圈"文化，搞非此即彼。

晶报·深港书评：书中非常强调我们要警惕对"微侵犯"的滥用，你是如何看待这一观点的？

田雷：我基本同意，滥用当然要警惕。按作者的观察，当你掌握了"微侵犯"这个概念后，你就能感觉到微侵犯原来无所不在。因为"微侵犯"从定义上就是不需要证明对方的意图，而只需诉诸个人的感受，这个是要命的跨越。人与人之间的相处难免摩擦和碰撞，原本可能是无意之失，但却被想成一种处心积虑的伤害，这种"安全主义"不要也罢。

不过我还想补充一下，"微侵犯"或者说某种"受害者文化"为什么在美国社会如此流行，也自有其社会根基和基因。美国社会好像有两张皮，一张是写在理想中的自由、平等和法治的理念，另一张是普遍存在的结构性的不平等。不过美国精英曾经最高明的地方在于，它把这些普遍存在的不平等给隐藏起来了，平时看不见（疫情露峥嵘），比如说按照自由主义的理解，国家权力和私人领域之间要有界限，国家权力运转之处，自由和平等的价值要成为准据，但在私人领域内，却都是"私事"，要交给平等个体去自治。这套观念曾经很有感召力，但它并不真实，20世纪60年代后，各种各样的左翼批判学术开始挑战这种理念，就是要揭示政治无所不在，不平等的权力关系也渗透在我们生活周边，我们必须警惕附随于权力关系的"微侵犯"，我想这是这个概念最初提出者的初心。

所以，还是一分为二来看吧，一个是作为一个社会分析概念的"微侵犯"，可以帮助我们看见很多此前看不见的权力关系，这个应当接受，另一个就是作为一种生活态度的"微侵犯"，这个大可不必，退一步海阔天空。而且"微侵犯"普及后，一个麻烦是所有人其实都要做不必要的收敛，这对整个社会应该不是什么好事。

晶报·深港书评：最后我们来聊一聊你翻译的新书吧，

是否也关注了"微侵犯"问题？

田雷：没错。我马上就要完成翻译的第三本书《寒门子弟上大学》，确实提到了"微侵犯"这个概念，很显然，因为它的主题就是在精英大学里的穷学生，往往是家里的第一代大学生。对于这本书的作者托尼老师来说，"微侵犯"其实就是一个有用的概念，因为他在某所大学做田野调查，沉浸在学生的日常生活中，他所发现并讲述的"微侵犯"故事，一下子就把这个学院日常所隐蔽的权力关系给摆出来了，比如说美国大学春假政策对穷孩子的剥夺，很多丰富的细节就能被看到，具体的我就不展开了。

但我仍然反对年轻的大学生把"微侵犯"视作理解日常生活的一个工具，因为它可能太过对抗了，甚至可以说这个概念有它的颠覆性，你会发现生活中可能处处都是"压迫"，但这些制度本身却恰恰构成了某种社会基石或主流文化，个体压根无力撼动，你其实是在给自己找别扭，找不自在，说到底，不能把任何教条当作生活的指南。

山河故人

麦迪逊的"山河故人"

一

麦迪逊年轻那会，美国革命还没有爆发，他在新泽西学院求学时就体弱多病，毕业后在家做过好几年的"待业青年"，找不到人生方向，多愁且善感，总觉得自己会不久于人世。1772年冬，二十一岁的麦迪逊在一封致友人的信中就写道："过往数月，我的直觉总在给我暗示，不要期盼着一种长寿或健康的人生。"确实如此，麦迪逊成年后身高只有1米63，体重从未超出过100磅，是美国历任总统中最瘦小的那位。

但那时麦迪逊绝无可能想到，他竟然活到了85岁——别的人都死了，他还活着。从1828年起，麦迪逊就是最后一位活在世上的费城会议代表，当他在1836年6月28日告别这世界时，距离美国建国的六十周年大庆也只有一周时间了。特别值得一提的是，当比麦迪逊还要年轻七岁的詹姆斯·门罗在1831年7月4日去世后，年逾八十的麦迪逊在一封信件中感叹自己不期而至的漫长人生："在活过了如此众多的我的同代人之后，我不应当忘记，我可能被认为比我自己活得还要长（outlive myself）。"

麦迪逊是美国1787年宪法之父，在费城会议过后的宪法批准运动中，他同汉密尔顿联手撰写了《联邦党人文集》的大多数篇目。而在新宪法生效、联邦政府启动后不久，麦迪逊就同汉密尔顿决裂，转向那位据称"宁可不上天堂，也不会组建政党"的杰斐逊，成立了在野的杰斐逊民主党。1800 年革命后，杰斐逊上台执政，麦迪逊先是做了杰斐逊内阁的八年国务卿，之后又接任杰斐逊担任总统，任内打过史称"第二次独立战争"的 1812 年战争。1817 年，麦迪逊将总统职位交给詹姆斯·门罗，继续谱写美国早期史上的"弗吉尼亚王朝"传奇。

1817 年 4 月 6 日，麦迪逊荣休还乡，那时的他已过 66 岁的生日，有人回忆道，麦迪逊"如孩童般顽皮，同汽船上的每个人交谈、开玩笑，让人不禁想到一位将放长假的学童"。但即便这时，长者如麦迪逊想必也无法想到前路还有近 20 年退而不休的人生。这主要不是说他虽有立宪治国之才，但却总是无力（也许是疏于）经营自家的蒙彼利埃农庄，人到晚年后，不得不要靠出售祖产和奴隶来维持卸任总统的体面生活。甚至在麦迪逊去世后，麦夫人也要把先生留下的制宪会议笔记以三万美元的成交价卖给国会，才得以安度晚年（整理出版后，也就是我们现在所读的《辩论：美国制宪会议记录》）。让麦迪逊退而不休的是，他虽然告别了首都华盛顿，华盛顿舞台上政治家们如走马灯般轮替，但无人忘记生活在弗吉尼亚乡间的麦迪逊。从 1817 年至 1836 年，每当宪法争议风云再起时，时人都会将目光投向这位已走到人生边上的宪法之父——还有谁能比这部建国宪法的设计师，手握制宪会议全程记录的活字典，更能告知当下人这部宪法的含义呢？于是乎，麦迪逊在1827年曾发出感叹："真相就是，自从我卸任以来，我很少发现自己的时间是如此不为我所支配。"

二

我们在今天解读麦迪逊，最好不要就麦迪逊读麦迪逊。美国建国史是一段因"人来人往"而倍显"拥挤"的历史，其精妙之处就在于这么多精彩的人和事在一时间于历史舞台上迸发出来。严格地说，我们所熟悉的美国国父们其实都生活在一个很小的朋友圈内，全景展开后，经常让后世读史者发出"原来你也在这里"的赞叹！麦迪逊这个人更是如此，如果理解费城会议时刻的麦迪逊，最好是把他同汉密尔顿放在一起进行解读，而如要理解新联邦政府运转后的麦迪逊，当然就要回到杰斐逊和麦迪逊跨越35年的政治战略合作伙伴的关系维度，2010年有美国作家出版了一本名为《麦迪逊与杰斐逊》的双人传记，依我之见就颇得要领。

这部"二人传"将麦迪逊摆在杰斐逊之前，在美国建国史的叙事中当然是在为麦迪逊翻案。戈登·伍德就曾写道："麦迪逊看起来无法摆脱杰斐逊的阴影，他看起来各个方面都要比自己的弗吉尼亚同道小一些（包括身高在内）。"而历史的吊诡就在于，在有生之年，杰斐逊比麦迪逊年长八岁，终身同麦迪逊保持着一种亦师亦友的关系，麦迪逊在费城制宪会议之前所读的论述古代邦联的政治经典，都来自当时出使法国的杰斐逊的海外专递；但在他们身后，麦迪逊的"常识"和"判断"却取得了比杰斐逊的"天才"更持久的生命力，如同亨利·克莱在1829年对这两位前辈的评价，杰斐逊是一位"梦想家和理论家"，而麦迪逊则是"冷静的、安定的、不动声色的、讲求实效的"，因此是"自华盛顿后我们最伟大的政治家、政治写作的第一支笔"。

杰斐逊在1826年7月4日辞世，在美国国庆五十周年之际告别人世间，对杰斐逊而言，可谓是"死的光荣"，戈登·伍德尝言："等到杰斐逊和亚当斯在1826年7月4日同日去世，赶上《独立宣言》问世之五十年，神圣的光环就已经开始环绕着建国这代人。"而就是在他去世之前，杰斐逊同麦迪逊在1826年有过数回合的通信，今人读来不仅倍感唏嘘，而且也为我们理解美国建国史的关键提供了绝妙的视角和材料。

1826年初，杰斐逊就在信中向自己的老朋友作别："对我自己而言，你是我毕生的支柱……请相信，我留给你的是我最后的爱（affections）。"——我给你的爱最多！而麦迪逊在收到这封告别信后，当即回复了一封情真意切读来让人无法不动容的回信："当你回首我们漫长人生中的私人友谊和政治合作之时，你不可能怀着比我更感动的回忆。"——我只会"爱得比你深"！当然，言归正传，也是在这封告别信中，杰斐逊对麦迪逊提出了人生最后一个要求："我死之后，照顾好我（take care of me when dead）。"对于杰斐逊这位"不断革命"的政治梦想家来说，1824 年还在信中声称"死人连物都不是"，肉体必将化为尘，这当如是解？

三

"照顾好我"，话说在 1826 年的当下，只有回到美国早期宪法史上的一段党争往事才能理解。

三十年前，杰斐逊还是联邦党人主政的亚当斯政府的副总统，1798 年夏日，亚当斯总统和联邦党人国会通过了四部现在统称为《外侨和惩治煽动叛乱法》，名为在欧洲处于全面革命之际的国内维稳举措，实则为打压杰斐逊党人的宣传口而为即将到来的 1800 年总统选举赢得先手。在此背景下，杰斐逊同刚在前一年从联邦众议院离职的麦迪逊，采取了现代政治逻辑不太容易理解的举动，他们分别起草了一份匿名的决议书，谴责联邦党人政府的《外侨和惩治煽动叛乱法》有违 1787 年的建国宪法，然后分别送至他们在南方的政治大本营，1798 年 12 月 24 日，弗吉尼亚州议会通过了由麦迪逊起草的《弗吉尼亚决议》，一年之后，肯塔基州议会在 1799 年 12 月 3 日通过了杰斐逊版本的《肯塔基决议》，在当时，两份《决议书》均未具名。

如同麦迪逊和杰斐逊终身未变的政治友情，这两份《决议书》也成为美国建国史上的一对"姊妹篇"文献，在自此后的州权主义者看来，它们作为1800年杰斐逊革掉联邦党人之天命的先声，不亚于对1787年宪法的一种颠覆——至少是"再造"。1820年前后，当弗吉尼亚州著名的斯宾塞·荣恩法官同主政联邦最高法院的约翰·马歇尔因美国银行案的判决而展开一轮笔战交锋时，荣恩就曾求助于过麦迪逊，"在他们看来，唯有您的手笔才有对抗马歇尔的手腕"，严格说来，这对麦迪逊而言还真不是溢美之词，也是在劝说麦迪逊再度出手的信中，荣恩直陈这两份《决议书》是"1799年的光荣革命"。因此，当马歇尔在1819年的美国银行案中主张，唯有联邦最高法院才能和平地解决联邦和各州的权限争议，最有权威的"对抗"文件显然非两份《决议书》莫属，特别是杰斐逊起草的《肯塔基决议》，白纸黑字写明，建国宪法不过是各州之间的合约，各州仍保留独立的主权，而各个主权州作为宪法这部合约的缔约方，"拥有无可置疑的权利"去判断联邦的违宪之举，只要联邦违宪，杰斐逊说得清楚明白，则"废止就是正当的救济手段"（nullification…is therightful remedy）。因此，杰斐逊的决议书，至少从文本上看，完全充当了美国内战前南方州权主义者的"圣经"。荣恩虽然是晚一辈的弗吉尼亚政治家（值得特别指出的是，他的岳父帕特里克·亨利，还是麦迪逊毕生的政敌），但在1822年即去世，暂时缓和了这段由谁来解释宪法的辩论。

历史总有其相似之处，1824年，又是一位"亚当斯"担任了美国总统，四年后，安德鲁·杰克逊入主白宫，自此后美国宪法舞台上出现了前后连续四年之久的南卡罗来纳抗税危机，最终在1832年冬造成了杰克逊总统和南卡州彼此剑拔弩张的态势，一场"内部战争"险些酿成。更值得大书特书的是，在此期间，1828年冬天，同样是一位作为"亚当斯"总统之副手的联邦副总统，偷偷潜回自己的南方家乡州——这一次是南卡罗来纳，匿名发表了著名的《解释与抗议书》，而自小亚当斯卸任后，他继续留任杰克逊政府的副总统，在1830年的杰斐逊纪念餐会上，杰克逊总统在祝酒词中宣称："我们的联邦共同体，它必须得到保持"；而这位副总统则大唱反调："我们的自由是最可贵的，然后才是共同体。"这位副总统就是约翰·卡尔霍恩，自此后，杰克逊政府的分裂公开化，卡尔霍恩在1831年公开发表了《福特山演讲》，系统阐释了三十年前由杰斐逊提出的宪法合约论。

至此，如何解释杰斐逊1798年的《决议书》，已经成为美国朝野上下事关共同体生死存亡的大事。只从文本上看，卡尔霍恩的逻辑可以说是无懈可击的，事实上，较之于前辈，卡尔霍恩唯一的"突破"也就是主张州在极端情形内可以诉诸"退出"作为最后的救济手段，除此之外，《福特山演讲》中的所有政治学说，不过是杰斐逊当年的旧调重弹而已。若是如此的话，那么可想而知，1798年的《决议书》

将成为杰斐逊这一生中所写的第二篇《独立宣言》——只不过是，1776年的《独立宣言》开启了美国建国的历史过程，而这一份1798年的"独立宣言"则是亲手瓦解了美国这个政治共同体——而这当然不是杰斐逊所希望看到的结局。

而让杰斐逊得以避免卡尔霍恩之历史命运的，当然是麦迪逊在杰斐逊身后对他的"照顾"，毕竟，文本虽然写的白纸黑字，但又有谁能比麦迪逊更有权来解释杰斐逊的文字呢？在写给年轻朋友的信中，麦迪逊指出，杰斐逊的文本从来不能仅凭表面功夫就得以理解，"如同所有伟大天才一样，（杰斐逊）具有一种习惯，这就是用带有某个关头之印记的强烈和丰满语词来表达自己"。当南卡州首府查尔斯顿的船只降半旗以抗争联邦关税时，虽然南卡州的废止论者用尽心力要尊杰斐逊为他们的教父，但麦迪逊坚决地让杰斐逊同这些废止论者划清了界限。麦迪逊在写给友人的信中道出了1798年学说和1831年学说之间的区别。

在年满八十岁的麦迪逊看来，1798年，他和杰斐逊主张的是，若是组成联邦共同体的大多数州联合起来，则可以废止国会的违宪立法，而现在，卡尔霍恩们主张的是，只要单个州无法找到兄弟州的支持，就可以从联邦共同体大家庭内退出，而"退出"就是内战的幽灵，是跨越雷池的最后一步。虽然同为"废止"，他和杰斐逊主张的是"依法抗争"，而卡尔霍恩则是踢开宪法闹独立，这里面有着天壤之别。也正是因此，杰斐逊仍是美国最伟大的国父，而卡尔霍恩，在林肯之后，就只能是美国南方分裂势力的理论教父了。就此而言，林肯以及联邦政府在内战中的胜利，不仅在美国宪法中写入了"禁止分裂"的根本规范，同时彻底宣告了内战前时代卡尔霍恩路线的寿终正寝。在今天读卡尔霍恩，所具有的只是历史考古学上的意义，读史阅世，这一点不可不察。

1836年6月28日，麦迪逊平静地离开这世界，他并没有解放自己的黑人奴隶，但根据杰克·拉科夫为麦迪逊所写的传记（正是拉科夫教授将费城会议概括为著名的"麦迪逊时刻"），在麦迪逊安葬时，连他的黑人奴隶都为他哭泣。

去世前两年，麦迪逊曾在一封简短的《致我的祖国》中写道："各州之间的共同体必须得到珍视，必须永续下去。"这当可算作他对自己所参与创造的这个国家在风雨飘摇之际的最终交代。"每个人都只能陪你走一段路"，而麦迪逊陪着杰斐逊，不仅走过了杰斐逊辞世后纷纷扰扰的十年，而且一直到了他口中"活的比我自己还长"的生命尽头。

在建国的延长线上

——马歇尔法院的历史进程

一部美国最高法院史，绵延上下两百年，跨越了三个世纪。初读者同马歇尔法院相逢，难免心生感慨：若天不降马歇尔，美国宪法也许就会万古长如夜。

当约翰·马歇尔在1801年出掌最高法院时，这所司法殿堂还客居在国会山阴暗逼仄的地下室内。自1789年创院，最高法院在第一个十年期总共审了60个案件，平均每年6桩判决，大法官们在首都华盛顿的生活可谓是优哉游哉。但真正伤筋动骨却是北上或南下的巡回审判，根据他们的忆苦笔记，大法官不得不深入到最基层，混迹在乡野村夫中间，在汽船和铁路尚未到来之前，受尽舟车劳顿之苦。当首席大法官一职在1800年出现空缺时，亚当斯总统首先想到是约翰·杰伊，他曾是合众国的首任首席大法官，只是在1795年夏挂冠而去，回到家乡纽约州担任州长。而这一次，杰伊断然回绝了亚当斯在联邦党即将交出政权前的盛情和重托，他在答复中坦诚指出，最高法院缺乏必需的"能力、分量和尊严"。寥寥数语，最高法院在建国初期的尴尬就跃然纸上。

1835年，马歇尔在大法官任上辞世，也是在这一年，大西洋彼岸有一位破落贵族青年出版了他的传世之作《民主在美国》，回忆起数年前的美国之旅，托克维尔给出了一个脍炙人口的判断："在美国，几乎所有的政治问题都要或早或迟转化为司法问题而得到解决"；"整个共同体的安定、繁荣、甚至于存在之本身，都被交付于最高法院的七位法官"。无论政治问题的司法化多大程度上凝结着美国建国初司法和政治之间的复杂关系，但却在一个半世纪之后漂洋过海，成为我国法律人想象异邦法治的关键词。时光不舍昼夜，在1901年纪念马歇尔担任首席大法官100周年之时，法律史上的旷世天才霍姆斯法官向他的前辈致以最高的敬意："如果就用一个人来代表美国法律……只能有一个人，那就是约翰·马歇尔。"又过了一个世纪，在马歇尔法院两百年庆典即将到来之际，时任首席大法官威廉·伦奎斯特追忆前尘往事："我很确信，马歇尔应当被认为身处华盛顿、汉密尔顿、麦迪逊和杰斐逊之列，是我国的'建国之父'。"始于法官，忠于宪法，而成于国父，马歇尔的司法生涯无论是否会有来者，至少是前无古人的。

他，作为合众国的第四任首席大法官，用了34年的时间，改变了美国最高法院，这是马歇尔的历史地位，盖棺且论定。在他接手之时，最高法院确实应验了汉密尔顿在《联邦党人文集》中的论断，是三权之中"最不危险的分支"——既不掌握钱袋子，也不指挥枪杆子。而到他离开这世界时，最高法院已经在激荡三十年的宪法斗争中抓住暗流涌动的时机，晋身为1787年建国宪法的权威解释者。如何讲述马歇尔法院的这34年，马歇尔到底伟大在何处，个人的奋斗和历史的进程又是如何相辅相成的，对于我们来说，当是理解美国最高法院和宪法的破题之问。

一

约翰·马歇尔，弗吉尼亚人，生于 1755 年。独立战争爆发时，刚过 20 岁的青年马歇尔已经是华盛顿将军的亲密助手，在革命年代最具传奇色彩的华盛顿渡特拉华河战役中，马歇尔即追随将军鞍前马后。1777 年严冬，当大陆军因北美诸邦无法勠力同心而兵困福吉谷时，马歇尔也身处战场第一线。也许正是因为这段革命情谊，华盛顿家族钦定马歇尔为华盛顿作传，最终的成果就是五卷本的《华盛顿的人生》。马歇尔没有参加 1787 年在费城召开的宪法会议，但自联邦政府组建后，他就是联邦党内最有政治前途的年轻人，于亚当斯政府末期出任国务卿。在杰伊拒绝了亚当斯的托付之后，马歇尔未因个人之福祸而避让，临危受命，一位复转后的革命军人就这样进入了最高法院。

时隔多年，老亚当斯在家乡马萨诸塞州接待来访的马歇尔之子爱德华，仍为他临别政坛之际的手笔而感叹："把约翰·马歇尔带给合众国的人民，是毕生最引以为傲的作为。"历史常有惊人之相似，小亚当斯在 1828 年也延续了其父的政治命运，如老亚当斯在 1800 年总统选举中败于杰斐逊之手，小亚当斯在当年谋求总统连任时，也成为杰克逊——另

一位主张州权的民主政治家——的手下败将。1831 年 2 月
13 日，在马歇尔法院到达而立之年时，小亚当斯在当天的日
记内这样写道："马歇尔将合众国宪法确立在一种合理解释
的基础上，其功绩远非任何当世人所能及。"

从 1789 年到 1829 年这建国初的 40 年，弗吉尼亚的南方
人主宰着首都华盛顿的政治舞台。这 40 年，来自弗吉尼亚
的政治家做了 32 年的总统：华盛顿、杰斐逊、麦迪逊和门
罗皆是连选连任，做足了 8 年时间；余下的 8 年则由来自北
方马萨诸塞的亚当斯父子一人一届所平分。老亚当斯在 1801
年初同杰斐逊的政权交接，标志着弗吉尼亚王朝的开启，而
小亚当斯在 1825 年重返白宫，则宣告了弗吉尼亚王朝的终
结。简言之，在亚当斯父子之间，横亘着一个延续 24 年之
久的弗吉尼亚王朝，这正是马歇尔法院的历史语境。而马歇
尔的贡献，他是如何通过宪法解释而接续建国的，则可以写
成一个弗吉尼亚人对抗一个弗吉尼亚王朝的历史脚本。绵延
于美国早期史上的国家主义和州权主义两种路线，在马歇尔
时代就有了各自的肉身代表：在 1800 年革命后，马歇尔是
联邦党人交出政权之前留在联邦政治中的代理人，由他守护
着 1787 年建国宪法，将本党的国家主义学说注入对这部宪
法的解释，以此对抗州权主义者在这 30 多年间一波又一波
侵袭的挑战。

话说马歇尔之出任第四任首席大法官，本身就是国初党
争在 1800 年大选这场大戏的收官一幕。一百年后，霍姆斯

法官回首往事，就看穿了这一切："伟大人物代表着社会神经的中枢……代表着历史进程中的战略节点，马歇尔之所以伟大，部分就在于他就在那里。历史让约翰·亚当斯，而不是由杰斐逊在一个月之后，去任命首席大法官，而亚当斯又把这个职位交给了一位联邦党人和宽松的释法者，由此启动了宪法的运作，我不可能将约翰·马歇尔同幸运的境遇区分开来。"也正是因此，在理解马歇尔的宪法功业时，我们常言必称马伯里：正是在1803年的马伯里诉麦迪逊案中，马歇尔"无中生有"地为最高法院争取到司法审查的权力，"解释法律是什么，是司法部门的职权和责任"，自此后，司法审查这把撒手铜让美国宪法长出了牙齿，也据此，马歇尔法院的整部历史都可以概括为"自马伯里案以来……"。这种"根据马伯里"的解释方法，在法学院内是口耳相传的"神话"。

马伯里案在司法史上的里程碑意义，无人可以否认，但若是要根据马伯里来理解马歇尔法院，可能恰恰遮蔽了马歇尔的真正历史贡献。如果我们要做的不是再去复述马歇尔的神话，那么回到历史的现场，如下的基本判断应当有助于我们的理解。首先，司法审查不是从天上掉下来的，纵使马歇尔天纵英才，只是凭借他的神来之笔，尚不足以"无中生有"地发明司法审查。事实上，在美国革命之后，成文宪法成为各邦政治的根本法，司法审查就开始在各州的司法实践中落地生根。其次，如果司法审查仅仅指法院对民主立法的审查，那么发生在联邦政府层级内的横向审查，在马歇尔法院长达 34 年的历史中仅有马伯里案一例。也就是说，在 1803 年宣布国会立法因违宪无效之后，马歇尔法院就再也没有对国会立法痛下杀手过。30 年可不是弹指一挥的历史瞬间，若是我们继续坚持用马歇尔第三年的判决来总结其历史全程，那么我们是在折叠这 30 多年的历史。更令人尴尬的还有，自 1803 年之后，马伯里范式的司法审查一休眠就是大半个世纪，最高法院下一次宣布国会立法违宪已是 1857 年的斯考特诉桑福德案，而这个宣布黑人奴隶不是美国人的宪法判决，正是最高法院空前绝后的历史低点。再次，新近研究表明，马伯里案之所以取得今时今日之地位，很大程度上是因为 20 世纪美国法律人对历史的重述。就此而言，如要历史地理解马歇尔法院，我们首先要反潮流地忘记马伯里。

二

"在广袤的共和国，从科罗克斯海峡到墨西哥湾、从大西洋到太平洋，政府将征缴并且指出岁入、调遣同时给养军队。民族危机的关头可能要求北款南调、西税东流……难道我们的宪法解释应该让这些运作变得困难、危险和昂贵？"

忘记马伯里案后，马歇尔法院在方法论上的典范之作当数 1819 年的麦卡洛克诉马里兰州案。在此案中，马歇尔及其一众同袍遇到了从联邦政府创建之初就困扰着建国先贤的问题：既然要以宪法为纲来治理合众为一之后的大共和国，那么根据1787年的宪法，国会是否有权设立国立银行，落实到法条枝节，则在于如何理解宪法第一条第八款内的"必要与适当条款"。在此案的判决中，又一次地，马歇尔如汉密尔顿灵魂附体，站定国家主义的立场，条分缕析地论证了国立银行在1787年宪法秩序内的正当地位。

今人重读马歇尔大法官的判词，只要不是志在学习宪法解释ABC的法学院学生，就万万不可"只见树木、不见森林"。马歇尔执笔的判词虽然洋洋洒洒，但贯穿始终的却是一个退伍军人在战场上学到的人生经验：国家安全是不可不察的头等大事，既然国立银行的运转有助于国家安全，那其建制就是合宪的，"假如目的是正当的，处在宪法的范围之内，那么，所有适当的手段——只要与目的之间存在关联，只要不被禁止，而是和宪法的文字与精神相一致，就都是合宪的。"把握此案的实体判决，洞悉马歇尔是如何一锤定音，解决了自建国后就不停被翻案重启的国立银行之争，固然重要；但至少对本文而言，更重要的还是要在历史语境内理解马歇尔是以什么样的姿态给出了他的判断。很多时候，如何说，比起具体说了些什么，更关键。

"我们永远不应忘记，我们正在解释的乃是一部宪法"，时值1819年，马歇尔法院正在昂首迈入它的成年期，而此时白宫的主人已是詹姆斯·门罗，政治环境不复杰斐逊时代那般险恶，此长彼消，最高法院有权解释宪法早已是不证自明之论。但最高法院有权释宪，不等于大法官说了算，说得再具体点，最高法院的解释能否上约束总统，下弹压诸州，尤其是在事关联邦和各州的权限争议时，最高法院是否有"终审权"，法槌一落即可定纷止争，在美国银行案判决的当口，正是美国宪制中牵一发而动全身的核心问题。判词开篇，马歇尔即当仁不让，"但这问题必须得到和平解决，否则它就始终是催生敌意立法的根源……如问题要得到和平解决，那么只有本裁判庭才能做出决定。根据我国宪法，这项重要职责是交托给合众国最高法院的。"马歇尔的如上宣告，矛头对准的正是在内战前反复抬头的州权主义——及其最权威的代言人，不是别人，正是已从总统位置上退下来的杰斐逊和麦迪逊。

从制宪时刻的反联邦党人，到杰斐逊和麦迪逊在1787年分头起草的《肯塔基决议》和《弗吉尼亚决议》，州权主义者的诉求可谓是一反到底：既然建国宪法只是各主权州订立的一部契约，那么解释这部文件的最终权威就应当分属仍保留了主权的州，若是联邦政府施行暴政，则各州可以无视违宪立法，甚至推动州际互保，将联邦执法力量拒之于州境之外。按照马歇尔的说法，联邦和各成员州之间的权限界分，实乃建国宪法"最有趣也最关键的部分"，就实体设计而言，因根本法要"承受未来岁月之变迁"，在文本上仅能"勾勒宏伟纲要"，换言之，制宪者当年不可能为联邦和各州权限划出一条泾渭分明的界线。而回到谁有权最终解释宪法这个问题，到底是代表着"全体"的联邦最高法院，还是仍保留"主权"的各州，则不存在模棱两可的空间。谁说了算，两者必居其一，如果最高法的解释无法"定于一"，永远只能是各州之间"百家争鸣"的状态，那么这个政治共同体就是高度不稳定的。

当马歇尔在当年开庭期结束返回家乡后，他马上发现自己摊上事了——自美国银行案判决的3月起，《里士满讯报》已经启动了为期3个月的口诛笔伐，背后的推手则是弗吉尼亚州民主党大本营的"里士满俱乐部"，其中四篇隐去作者真名的檄文言辞辛辣，均出自时任弗州最高上诉法院的斯宾塞·荣恩之手。返回弗吉尼亚后，马歇尔从6月30日到7月15日，短短半个月的时间即以"宪法之友"的笔名连续发表9篇文章，做出了针锋相对且力透纸背的回应。也是在这轮笔战期间，荣恩写信求助麦迪逊："在他们看来，唯有您的手笔才有对抗马歇尔的手腕。"对于麦迪逊这位卸任总统来说，这当然不是毫无根据的溢美之词，麦迪逊不仅是1787年宪法的设计师，还是1798年《弗吉尼亚决议》的执笔人，在劝说麦迪逊出手的信中，荣恩写道，这份决议书实乃"1799年的光荣革命"。对于冲他而来的这一切，马歇尔心知肚明，只是不可能在报刊上将之公之于众，而在当年9月18日写给战友约瑟夫·斯托里的信中，马歇尔就放宽了自己的尺度，"对最高法院的攻击，事实上就是对联邦的攻击"；

"一个深藏的阴谋，要将我们的政府转变为各州之间的简单同盟，正在弗吉尼亚纠集起一个强有力的暴力派系"。在私人通信中，马歇尔火力全开，将矛头直指杰斐逊："整场攻击，即便不是由杰斐逊先生所策动，显然也是为他所认可和指导的。"

在杰斐逊和马歇尔之间，还不只是同为弗吉尼亚人那样简单，两人还是远房的表兄弟，出生于1743年的杰斐逊比马歇尔年长了整整12岁。1801年3月4日，当杰斐逊宣誓就职合众国的第三任总统时，为了将因党争而撕裂的国人团结起来，杰斐逊宣告，"我们都是民主党人，我们也都是联邦党人"，这时主持就职典礼的正是刚刚履新的首席大法官马歇尔。霍姆斯在一百年之后看得更透彻，假如前一任首席大法官再晚退休一点儿，将这个机会留给杰斐逊，那么执掌联邦司法的就会是弗吉尼亚州的州权派法官，很可能就是在1819年攻击马歇尔的荣恩。果真如此，那美国最高法院的历史就将被全盘更改。"马歇尔之所以伟大，部分就在于他就在那里"。

三

霍姆斯只是说对了开头。马歇尔的伟大首先在于"他就在那里"。在联邦党将政权拱手让出之后，由他领衔的最高法院成为联邦党在1800年革命之后的一支"独苗"，大法官担当起 1787 年建国宪法的守护者，对抗着挟民意以令宪法的民主党和州权派。在马歇尔执掌最高法院之初，杰斐逊党人控制的国会曾列出八条罪状，拿联邦党大法官蔡斯开刀，虽然蔡斯最终得以脱罪，但时至今日，他仍是唯一受到弹劾的大法官，面对着咄咄逼人的杰斐逊政府，马歇尔法院这株幼苗能保持独立已属万幸。"有一种胜利叫撤退"，马歇尔在马伯里案中的表现光芒四射，但其司法推理绝非无懈可击，真正令后人为之击节叹赏的是他以退为进的政治策略。

但霍姆斯没有说出结尾。马歇尔之所以能成就他的伟大故事，之所以亚当斯将马歇尔法院称为他"毕生最引以为傲的作为"，首先离不开马歇尔活到了在 19 世纪上半叶罕有的高寿，生于 1755 年的他直至 1835 年才告别世间，借着联邦法官的终身任期制，做首席大法官做到生命最后一刻，1835 年 7 月 6 日。马歇尔法院历时长达 34 年，这一记录至今没有被打破，没有这一跨越代际的时间尺度，马歇尔不可能成为"司法国家主义"的路线执行人。也是大致从 1819 年前后，马歇尔昔日的联邦党战友都已开始从人生舞台上凋零，甚至联邦党作为一个建制也分崩离析，而他仍在那里。马歇尔的 34 年见证了五任总统的九届任期，当他在 1835 年辞世时，坐在白宫里的已经是新一代因军功而崛起的平民总统安德鲁·杰克逊。三十多年如一日，在马歇尔这里并不是一个空洞的修辞。凡三十年，每当州权主义者通过地方民主过程来挑战联邦政府的宪法权威时，守护联邦权威的横刀立马者总是马歇尔和他的法院。

若是我们借用林肯在葛底斯堡演讲中的分期，将美国早期宪法的发展史概括为从1776年至1863年的"八十七年以来"，那么在这87年的漫长建国时刻中，马歇尔法院就一直运行在这条建国的延长线上。34年之于87年，已经是十分之四的光阴。在此意义上，马歇尔法院作为建国者的角色是历史所赋予的，毕竟，徒法不足以自行，建国一代人留下的只是一部载有"宏伟纲要"的宪法，如要适用这部法律以解决当下激烈的政治争议，绝不是"以事实为依据，以法律为准绳"即可，而需要高度的政治智慧和策略。在马歇尔法院34年的历史进程中，1819年的美国银行案不早不晚，就落在了历史的中点，注定属于马歇尔法院黄金时代的手笔。在此前的杰斐逊时代（1801—1809），最高法院要为独立作稻粱谋；到了麦迪逊时代（1809—1817），由于1812年战争的影响，国家主义成了政治分支和最高法院之间的合奏，既然缺少对抗，也就少见需要司法化的政治冲突，马歇尔法院多少是巧妇难为无米之炊。

真正的黄金时代是从1819年至1825年，一方面是马歇尔法院步入壮年，另一方面是州权主义开始了又一轮次的抬头，让马歇尔得以有的放矢。如前所述，1803年的马伯里案是马歇尔法院首次也是唯一一次宣布国会立法违宪，自此后，要到1810年的弗莱彻诉派克案中，马歇尔法院才首开宣判州法违宪之先例，而进入门罗执政时期，马歇尔法院以宪法为武器，同以弗吉尼亚为领头羊的州权主义者进行了坚持不懈的斗争，不仅美国银行案，还包括 1816 年的马丁诉亨特之租户、1821 年柯恩兄弟诉弗吉尼亚州、1824 年的吉本斯诉奥格登，都要在这一脉络内才能得到理解。今人读史，难免感到遗憾的是那一代州权主义的理论旗手荣恩在 1822 年就已早逝，若非如此，也许我们可以读到更多精彩纷呈的论战：别忘记，在美国银行案判决受到"里士满俱乐部"的围剿时，马歇尔仅用半个月时间就拿出了 9 篇回应——那年，64 岁的马歇尔笔力已臻于化境。

为什么马歇尔法院成功地弹压了州权主义？哈佛法律史学家克拉尔曼教授对此有过论述，在此我们做提纲挈领的复述，大致可归功于两点。首先是马歇尔非凡的领导才能。毕竟，杰斐逊和麦迪逊执政共计 16 年，在当时最高法院七人建制的规模下，两位总统一共往最高法院掺入了五位大法官，其中包括 1811 年被寄予厚望的斯托里，但却每每被马歇尔成功策反。在司法史上，马歇尔改造了此前每位法官各自起草意见的惯例，而开启了大法官内部审议和集体意见写作，当最高法院可以凝聚成一个声音时，其判断才能带有权威。与之形成对比的是，各州在对抗最高法院时却始终此起彼伏，虽然杰斐逊在 1787 年即主张各州之间可以联合起来，面对联邦暴政进行互保，但现实政治往往是利字当头，各州大多时候只要事不关己，就会选择明哲保身，在对抗马歇尔法院时始终未能拧成一股绳。瓦解了敌人，团结了自己，是马歇尔法院的成功之道。

四

英雄总有迟暮日。从 1825 年到 1835 年，是马歇尔法院
的最后十年。年逾古稀的马歇尔已经走到人生边上，对维持
法院内的统一战线已经力不从心。1828 年，安德鲁·杰克逊
当选总统，美国的宪法政治仿佛在 30 年间走过一个轮回，
又是一位州权主义和民主主义并举的总统上台了。"马歇尔
已经做出了他的判决，那现在就让他自己去执行吧，"这句
据称出自杰克逊之口的狠话，仍可提醒我们，即便尊荣如马
歇尔法院，终究还是既不掌管钱袋子，也不指挥枪杆子
的——汉密尔顿的判断在实力政治的意义上并没有错。虽然
马歇尔在 1819 年就已雄辩地论证了国立银行的合宪性，但
到了 1832 年，杰克逊还是行使总统否决大权，扼杀了国会
通过的银行续期法案。时任财政部长的罗杰·塔尼，忠实执
行了杰克逊的指令，将联邦资金从国立银行撤资。反讽的
是，马歇尔去世后，杰克逊总统却选择了这位来自马里兰州
的奴隶主接替马歇尔，塔尼法院为历史所铭记的当然是斯考
特诉桑福德案这一邪恶判决——这是后话，暂且不表。

时间进入 1832 年，种种迹象都表明马歇尔法院或许将
黯然落幕，但也在此刻，历史就在不远的前方潜伏着又一次
的转弯。19 世纪 30 年代的州权玩火者是南卡罗来纳，当南

卡州根据时任副总统卡尔霍恩的"废止"学说，召开本州民众集会，宣布有权动员民兵，将执行联邦关税法案的官员拒之于州境大门外时，杰克逊总统无法坐视不理——屁股决定了脑袋，他要求国会通过"强力法案"，授权必要时，可令联邦军队进入南卡州境内强制执行关税立法。1832年岁末，杰克逊总统也发表官方宣言："宪法……创制的是一个政府，而非一家同盟……如主张任何一州可以随意脱离联邦共同体，那就等于说合众国并不是一个国家。"人生在世"活久见"，马歇尔大法官笑到了最后。

马歇尔去世不久，斯托里大法官在一次致辞中这样讲道："最尊荣的墓志铭可以写成一句话……这里安息的是合众国宪法的阐释者。"在此前的1833年，学者型的大法官斯托里出版了三卷本的《美国宪法评注》，所总结的就是马歇尔法院长达三十年的风雨历程。据说，当马歇尔去世的消息传到1787年宪法的诞生地时，费城独立厅门外的自由钟竟当即破裂，无法鸣响。这当然是捕风捉影的附会之谈。然而归根到底，破裂的自由钟也是一种叙事——只是有的叙事是要去建构，还有些叙事却意在解构。叙事之成立，取决于一代又一代的民众愿意去相信。马歇尔之伟大，也就伟大在这里。

建国者已逝，建国者不朽

一

1825 年 3 月 4 日，美国历史掀开新篇章。

约翰·昆西·亚当斯宣誓就职合众国第六任总统。致辞时，亚当斯"声音明亮"，但很可能因为接连熬过了两个不眠之夜，有观察者发现，这位新总统，虽多年前曾受聘为哈佛大学的修辞和演说术讲席教授，但"紧张之情仍溢于言表"。就职典礼由联邦最高法院掌舵人约翰·马歇尔主持，24 年前，在联邦党政权即将落幕之际，他由眼前人的父亲任命至最高法院，现在看着这位手按宪法而宣誓的故人之子，难免感叹人事代谢，所幸山河依旧。

还有一年，这个在列强环伺下顽强生长着的共和国，就要迎来独立五十周年的历史时刻。这年头要说政治人生的经验，放眼华盛顿，大概无人可同小亚当斯谈笑风生。他步入政坛，可追溯至上世纪90 年代，共和国初创的那段日子。尚且不到 27 岁，他就拿到了驻荷兰大使的任命书，而把他外派到欧洲锻炼一下的，正是他的华盛顿伯伯。但年轻的他却不领情，眷恋波士顿的哈佛书香，不愿走马上任。最终还是身为副总统的父亲出马，一封家书特快专递给这个不争气的大儿子，言辞带有亚当斯一贯的辛辣、刻薄："若你只能取得庸常的成功，那优越的出身反而会让你抬不起头……若你做不了这个国家的领路人，充其量成为某个行业的带头人，这一切都要归咎于你自己的懒惰、散漫和顽劣。"父亲的书信读起来扎心，疗效却立竿见影：这位官二代当即转换跑道，学而优则仕。人到海牙后，小亚当斯"很快成为美国政府在欧洲最重要的一双耳目"。自此后，小亚当斯先后转任普鲁士、俄国和英国大使，欧洲哪个国家他都去过，直至八年前担任门罗总统的国务卿，坐二望一。

此刻，在远方的马萨诸塞州，父亲已步入风烛残年。儿子当选总统的消息一个月前传来时，面对前来道贺的家乡父老，亚当斯一反常态："只要曾坐过总统的位子，断不会有人还会祝贺朋友要做总统。"一门父子，两位总统，晚年的亚当斯已经学会同这世界和解。作为前五任总统里唯一一届而终的北方佬，他深知总统难做，政治伤人："他所能赠予的每个官职，最终都会让一个人忘恩负义，又让一百个人从朋友变为敌人。"即便如此，儿子就职前夕，老人还是提起笔来，纸短情长："想到不日到来的仪式，我从未感受到如此之庄严。论及思绪之复杂，情感之激烈，对于我这样的九十岁心灵来说，可谓是难以承受了。"

二

　　那一日在美国历史上的承前启后，只有若干年后，后来者方能洞悉其因缘所在。

　　美利坚立国至此，荣登大宝的总统先后五位，除了接任华盛顿的北方佬亚当斯一届而终，另四位均来自南方的弗吉尼亚，个个都做足两届八年。从联邦政府这台机器自 1789 年开始转动，在迄"今"为止的 36 年里，来自弗吉尼亚的革命者包办了 32 年。现在，虽然联邦党人早已不知何处去，但"亚当斯"又回来了，随着建国兄弟这一代告别政治舞台，"弗吉尼亚王朝"也终将俱往矣，留下长长的背影供后来者凭吊。

　　小亚当斯在就职演说中歌颂了门罗总统的丰功伟绩，"在前任的承诺和功业中，继任者的职分得以厘定"，他要做的，是一位"以继承遗志为己任的总统"。无论此话讲得如何真心诚意，台下的门罗都可以说一句，我们不一样。不一样在何处呢？一句话，门罗是参加过美国革命的，在独立战争中流过血。1776 年革命开始，他就弃学从戎，在华盛顿将军手下做了名陆军中尉。你们看过那幅名为《华盛顿渡河》的油画吗？战争第一年的圣诞夜，夜幕低垂，暴风雪刚过，河面上到处漂着浮冰，华盛顿将军昂首站在船中央，率领大陆军夜渡特拉华河，奇袭驻扎在特伦顿的英军，那位紧随将军身后，同样昂扬，手中紧握美国星条旗的英俊青年，正是此时刚满 18 岁的门罗。这年头，有些学者总要小心求证，非要给这幅 1851 年的画作"捉虫"——战争头一年，星条旗的这款设计尚属子虚乌有呢……但这种追问如刻舟求剑，这幅 1851 年的画作之所以经典化，成为美国革命的纪念碑，当然不是复现出那年那夜那些人在历史瞬间的剪影，而是要让后来者可以由这幅画中进入历史，体验革命，"莫不油然而兴爱国之思，庄严而宏志士之气"。

门罗的告别意味着亲历革命的建国一代人的谢幕。设想一下，建国后六位总统在天国见面。华盛顿说：我是大陆军的总司令；亚当斯说：没有我，就没有 1776 年独立；杰斐逊说：我起草了《独立宣言》；麦迪逊说：我是 1787 年宪法之父；门罗也可以说：在 1776 年圣诞夜的战斗中，我身负重伤，险些丧命。到了小亚当斯这里，革命爆发时，他毕竟才九岁，他能说什么？我爸是亚当斯吗？这当然是戏言，但小亚当斯的"二代"身份，恰恰昭示出他和门罗的交接班同以往均有不同：如果说之前在建国兄弟们之间的流转，是"兄终弟及"，那么从门罗到小亚当斯，却是一次代际交接，是"父死子继"。自此后，华盛顿再无建国兄弟，美利坚这个共同体何去何从，革命要待后来人了。考虑到建国一代的总统里只有老亚当斯膝下有子，那么小亚当斯以"二代"独子的身份成为共和国进入新阶段的接班人，只能说冥冥中自有天数。

可新一代的政治弄潮儿个个野心勃勃，谁也不想要辜负属于他们的新时代，1824 年的美国总统选举是史无前例的，七位竞争者上演了一出"七子夺嫡"的宫斗剧。晒一晒是哪七子吧：国务卿小亚当斯、参议员安德鲁·杰克逊将军、财政部长威廉·克劳福德，还有众议院议长亨利·克莱，这四位处在第一阵营；而跟在后面的三位，是战争部长约翰·卡尔霍恩、副总统丹尼尔·汤普金森同纽约州前州长德怀特·克林顿，即便身处第二阵营，也不能说他们就是陪太子读书，时机一到，如卡尔霍恩这样的第二梯队如何翻云覆雨，读史者自当一目了然。1824 年岁末选举，由于选举团人票被第一阵营分而取之，即便是一马当先的杰克逊也未能拿到过半数的选票，故此选举如宪法所定转入第二阶段，由众议院按一州一票的规则，在首轮前三位中进行决选。1825 年 2 月 9 日，一个"暴风雪的夜晚"，小亚当斯在众议院内反败为胜，力压杰克逊而笑到最后，剧情之所以反转，胜负手之关键在于首轮名列第四的克莱，退出后，他站在小亚当斯这一边。小亚当斯也投桃报李，将位高权重的国务卿一职交给克莱，克莱出生于 1777 年，是星条旗下的蛋，这一年还不到五十岁，也许志在总统的他本不应接受小亚当斯投桃报李的馈赠，因为这大概就坐实了杰克逊的拥趸们对"腐败交易"的指控，故此犯下了有学者判定的"克莱最严重的错误"。

为何 1824 年会出现"七子夺嫡"？曾经有一套政治继承的规则，在亲历革命的国父中间行之有效，但现在却随着他们的逝去而不复存在。没错，华盛顿在 1789 年被选为首任总统，但你要是认为华盛顿是"选"出来的，那可就太天真了，不仅他出任总统是众望所归，甚至当初在宪法会议上如何设计总统制，多少就是量华盛顿之身而打造的。自 1801年杰斐逊上台，无论是 1809 年传位给麦迪逊，还是到 1817年由门罗继任，新科总统很难说是"选"出来的。毋宁说，总统是论资而排辈的，谁先上，取决于在弗吉尼亚集团内部以革命功绩而排出的座次——没有乱过，也乱不得。杰斐逊执政晚年，党内也有不满麦迪逊的力量，他的冷静、谨慎和仁慈，成就了政治家的伟大，但在战争山雨欲来前，难免让人心存不安，克莱后来就讲过："麦迪逊先生完全挡不住战争的风暴。"面对着党内推举力量的鼓动，门罗坚持只顺水推舟却绝不推波助澜，在 1806 年致友人的信里更是表明心迹："长久以来，我都惯于认为，还有一位老大哥（older men），要比我更有资格去担当起这一托付。"这"老大哥"，当然是指年长七岁的麦迪逊；门罗也心知肚明，只要他安然度过麦迪逊八年，就是下一站总统。

三

1826 年，我悄悄地走近你……

7 月 4 日，庆祝美利坚独立暨建国五十周年的庆典，在首都华盛顿隆重举行。是日晨，小亚当斯总统在拉法耶特广场检阅志愿民兵方阵，然后紧随海军乐队，如同一年半前的就职典礼，小亚当斯乘坐马车，内阁官员和军方将官骑马，向国会大厦进发，仪式将在众议院厅内举行。月初，小亚当斯在典礼文件里读到杰斐逊和父亲自远方的来信，身体之衰朽让他们无法亲临现场，但向往之心却与人民同在。去年秋，小亚当斯衣锦还乡，在10月13日返程那天的日记里，总统只写下一句话："告别我的父亲。"现在看到年过九十的老父亲还能在信件上亲笔签名，愿安好无恙。

7月5日，并无大事可记，小亚当斯在日记里只提到他读了些林业方面的书籍。故事始于7月的第六日。战争部长詹姆斯·巴伯匆忙赶到，带来一个从弗吉尼亚传来的消息：两日前的正午，就在建国庆典步入高潮之时，杰斐逊在他的庄园蒙蒂塞洛去世。这消息多少有些不期而至，前几日读杰斐逊墨迹未干的手信，看不出这位83岁的老人已经灯枯油尽；但也谈不上意外，只是《独立宣言》作者却在神圣文本五十周年这一日与世长辞，小亚当斯也不禁感叹这"多么奇异且震撼人心的巧合"。

小亚当斯当日称之为"巧合"，无论多么"震撼人心"，也只是一次时间上的偶遇。但剧本至此还未亮出底牌，"祸不单行"：仅过了两日，邮差带来了发自马萨诸塞的信件，最后一封落款在4日清晨，就在小亚当斯在广场等待阅兵之时，内容就是一个：老人不行了，速归！于是，总统带着他同样名为"约翰"的儿子，在9日凌晨太阳初升时，乘坐

"自家马车，四匹马拉着"，快马加鞭赶回马萨诸塞。数小时后，总统一行人即将到达巴尔的摩，在城外一家旅馆补给早餐，这家店主"莫利尔先生"带来国庆日后的第二个"坏消息"，小亚当斯在日记里这么写道，他"告诉我，今晨刚从巴尔的摩回来，在那里他得到消息，我的父亲已在本月4日去世，时间大约在下午的五时左右"。

历史就是这么写成的，人算不如天算：杰斐逊死的正是时候，姑且算是一件"巧合"吧，但亚当斯竟然在同日挥手作别，此中所有的深意，无论如何就不是"巧合"所能涵盖的了，小亚当斯也不禁感叹，此乃"看得见，也摸得着的，上帝的恩赐"。一位国父去世，是悲剧；两位亦敌亦友的国父在同一日去世，则值得纪念；要是他们一南一北，同在建国五十周年的历史时刻告别国人，那就活成了传奇——生的伟大，死的光荣。建国史的权威学者伍德有言："等到杰斐逊和亚当斯在1826年7月4日同日去世，赶上《独立宣言》问世之五十年，神圣的光环就已经开始环绕着建国这代人。"而在最新巨著《分裂之友》中，伍德为亚当斯和杰斐逊立双人传，这位写作大师也是以"倒叙"开始这部史诗之叙事的："他们死在同一日。而那可不是普通的日子。那一年是1826年的7月4日……"但传奇至此还未完，只是走在历史进程中的人们断然料想不到，上帝对美利坚民族的眷顾竟如此深厚：五年后，又是一个国庆日，门罗在1831年7月4日与世长辞，到此为止，在亲历革命的前五任总统里，除了华盛顿之外，竟有三位死在国庆日，还有什么谢幕，能比这种告别更光荣，重如泰山呢？

《波士顿商报》讲出了普罗大众的此刻心声："算数的人正在计算如此死亡的概率，迷信的人将之视为神迹，有见识的人则从中看到了上帝的意旨。"上帝既如此召唤，其中必有真意。老亚当斯在 1817 年曾抱怨国人的历史虚无主义："放眼望去，我看不到任何的意向，甚至是一点儿的好奇，要去歌颂、追忆或者是探询美国革命的人物、行动和事件"，但如波琳·梅尔教授所言，革命者通常无暇深思历史，"因为他们正忙于创造历史"，到了 1820 年代，"新一代的美国人开始回首过去，将保留国家的革命历史作为这一代人特有的使命"。那些年间，跨州运河在国境内四处开工，主事者喜欢选在 7 月 4 日动土，"不忘初心"的社会氛围可见一斑。

于是，地不分南北，美国人抛开地域、族群同意识形态的分歧，合众起来，共同纪念"美国革命的北极和南极"。接下来数月，你要是穿行于美国大地就会发现，每个州，每一处议事厅，从市镇、工场到乡野，到处都是集会，无人不在纪念，政治家在致辞，民众在倾听——心同此理，凝聚哀思是为了让人民团结起来。贯穿于这些演讲词之始终的，是一种后革命时代的社会心理结构：建国者已逝，但共和国不朽，我们这一代人，出生在新美国，成长于宪法下，也因此肩负特有的历史使命，就是要将建国者所创建、现已传承至我们手中的共同体继续下去，使之永世长存。由于美国革命者的创举之一，就是把革命时刻动员起来的人民意志凝练在一部成文宪法之中，那么继承遗志的关键，既不是告别革命，也不是不断革命，而是继续信守这部写下了建国者意志的宪法。由此也就可理解为什么小亚当斯在就职演说中提到宪法竟达十三次之多。众议员丹尼尔·韦伯斯特，也许是美国有史以来最伟大的演说家，道出了这个时代主题。8月2日，波士顿法纳尔会堂披上了全黑的素纱，在小亚当斯亲眼见证下，韦伯斯特做了连续两小时的长篇演讲，全程几乎没看稿。"这可爱的土地、光辉的自由、美好的制度，我们国父所留下的宝贵遗产都是我们的了；要我们去享用，要我们去守护，要我们去传承。回首过去的世代，展望未来的世代，我们有责任肩负起这神圣的信任。"在历史的接力由父辈转移到"我们"这一代之后，我们的使命就是"守护"和"传承"，我们生在革命后，上不能辜负"过去的世代"，下要担负起对"未来的世代"的责任。正是在这种贯通过去、现在和未来的时间历程内，"我们"得以生生不息，共和国才能代代延续。

这一年，在西部边疆的印第安纳州，一位高个子、大耳朵、满头凌乱黑发的年轻人在等待成年，他生于1809年，名叫亚伯拉罕，姓林肯。若干年后，在即将年满而立时，刚开始律师执业的林肯在演说中讲出了19世纪新一辈的心理。他把革命那代人比作"一片橡树林"，曾"高耸入云"，但却为"无声的时光"所消耗，"飓风过后……终于倒下去，化为乌有"。而在建国者"与世长辞，深受哀悼"的历史阶段，"我们的任务仅仅是，要将国土和政治大厦传诸千秋万代"。回头看，青年林肯的这篇演讲，其中预留的线索，不仅可以将他之一生贯穿起来，直至他同样死的光荣的那一刻，甚至铺陈出早期共和国的普遍命运，诵读1863年的葛底斯堡演讲，他最终所讲的是"将永世长存"。

四

人终有一死。走到人生边上，老亚当斯和杰斐逊早已"视死如归"。1825年末，在写给杰斐逊的信中，亚当斯就诗意地谈起死亡："我同意老朋友富兰克林博士，他就这个话题曾如是说，'我们所有人都受邀赴此盛宴。你的马车头一个到达门口；但是我们迟早都会在那里相聚'。"半年后，就在为建国庆典起草贺信时，杰斐逊也告诉医生："我就是一个老手表了，这里掉了个齿轮，那里又坏了个表盘，直到再也走不动了。"现在，告别的时刻终于要到了。

读杰斐逊最后致国人的信，他谈到《独立宣言》的普遍意义，"但愿对全世界而言，可以呼吁大众起来，打破锁链，驱除曾让他们甘于自缚的无知和迷信，享有自治政府的祝福和保护"，谁能想到如此壮丽的句子竟出自即将报废的"老手表"。对于杰斐逊来说，时日确已无多，又转动了两三日，杰斐逊到7月就已经神志不清。3日夜，他在短暂清醒之际只说了一句话："到 4 号了吗？（Is it the Fourth?）" 随后即转入昏迷，身边的家人也紧张地读着手表的分针。终于，杰斐逊做到了，坚持到了 4 日中午的 12 点 50 分，死得重于泰山！

此时，向北五百英里，老亚当斯也已大限将至。他在 7 月 2 日病倒，同杰斐逊一样，他也渴望着以死报国。根据身边人的回忆，亚当斯清醒地听到了独立日的钟声和礼炮，在被问及今夕是何夕时，老人还能回答："这是光荣的 7 月 4 日——上帝保佑——上帝祝福你们。"他是在 4 日下午 6 点去世的，弥留之际，他勉强讲出最后一句话："托马斯·杰斐逊还活着（Thomas Jefferson survives）。"

此话怎讲？老亚当斯当然不可能知道，小他八岁的杰斐逊已先走一步，就在刚刚，五个小时前，在此意义上，这话讲错了。但若说的不是肉身，而是在"有的人死了，他还活着"的意义上论生死，亚当斯反而如先知般道出了他在美国革命史中的尴尬，在后人对革命和建国的叙事中，杰斐逊的文章光芒万丈，他的功业却黯然失色。亚当斯为人做事，一生失之于躁，到老也难免牢骚太盛。一种恐惧在他心中徘徊不去，担心国人有朝一日会忘记他，让他成为革命史中的沉默者，张开嘴却发不出声。追忆往昔，他也许后悔在 1776 年将杰斐逊推为《独立宣言》的执笔者，毕竟，十三个殖民地宣告独立，要计头功，事是他主推的，但最终执笔完成宣言草案的，确实是杰斐逊。问题是，立言者这一次却凌驾于立功者。杰斐逊在墓志铭上给自己规定了三重身份，不谈总统，却把"《独立宣言》作者"排在第一位。此处要注意，杰斐逊主张的是可以表明自己署名权的"作者（author）"，而抛弃了更能昭示革命事业之集体创作的"起草人（draftsman）"。还在杰斐逊做总统的 1805 年，亚当斯就对杰斐逊独占《独立宣言》愤愤不平，称之为"人生剧场的政变"。人到晚年，两人虽说余波度尽，自 1812 年开始的书信往来长达十余年，被著名作家麦卡洛克誉为"美国历史上最有意义的通信"，但老亚当斯心中执念仍挥之不去，他为之痛心疾首，是《独立宣言》被当作了"衣服和装饰"，而失去了"身体、灵魂或实质"，于是在时过境迁后，人们只传诵《宣言》里写了什么，于是一切荣耀归于杰斐逊，却忽略了《宣言》作为一种政治文体，意在以言行事，也因此埋没了亚当斯在革命史上的劳苦功高。

在门罗也于 7 月 4 日去世，成为第三位死于国庆日的总统后，国人把目光都投向在那个慨叹"我活的比自己还要长"的麦迪逊。最终，生于 1751 年的麦迪逊活到了 1836 年，他在那一年的 6 月 28 日去世，距离国庆日只差一周。据记载，医生也想为麦迪逊续命，让他撑到 7 月 4 日寿终正寝，甚至麦迪逊本人也有此意愿，如老亚当斯把政治人生比作"剧场"，成功者当然知道，该配合演出的时候别视而不见，但他还是"拒绝服用必要的刺激药物"。玛丽·比尔德教授对此曾有评价："麦迪逊没有加入到这种为了子孙后世而死亡的序列。"在参议院内，来自弗吉尼亚州的参议员手持麦迪逊一周前写给他的信，指着那"颤抖并且摇晃的签名"："仍然，我还坚信他的光芒可以撑到7月4日，在那光荣的纪念日，他可以同那些伟大的人物和爱国者一道，加入不朽的行列。可惜，天不遂人愿。"

即便壮志激越如杰斐逊，晚年也不免悲观失落，他在1820年告诉友人："我很遗憾，竟会如此悲观地告别，我现在深信，1776年那代人的自我牺牲是徒劳无益的，他们意在为这个国家创建自治政府，为民众带来幸福，但这些统统被下一代那愚蠢且廉价的激情所挥霍一空。"人非天使，创建一个"由人管理人"的共和政府，且使之代代延续下去，就要求每一代人不忘初心，在最危险的时候重拾立国的基本原则。在此意义上，建国者们谋求死的光荣，不仅是为了自己在历史上的座次，他们要让后来者铭记那功在千秋的伟业，执着于"你都如何回忆我"，正是为了从"现在"做起，在历史叙事中建构出一个你中有我，我中有你的"我们"。

写宪法史不能只歌颂"生的伟大"，伟大人物的奋斗固然重要，但看到他们在人世间的折腾却接续着奇迹般的"死的光荣"，唯有感叹成事在天。

"我们不可能逃避历史"

——制造林肯及其限度

一

林肯刚过而立之年时，只是一位生活在美国伊利诺伊州的西部青年。因情场受挫，他曾对自己的人生产生了深深的怀疑，在一封于 1841 年初写给友人的信中，林肯称自己"情愿一死了事"，只不过是"心有不甘，他尚且没有做过任何一件事，可以让世上任何一个人记住他曾经活过"。

二十多年后，"1865 年 4 月 14 日，趁着林肯一家人在华盛顿福特戏院观看一出喜剧，布思抓住机会进入林肯家人的包厢，开枪，击中林肯的头部。第二日清晨，7 点 22 分，美利坚合众国的第十六任总统离开了这世界"。在为纪念林肯总统 200 周年诞辰而于 2009 年出版的《林肯传》[1] 中，詹姆斯·麦克弗森教授以极洗练的文字将林肯遇刺这场国之悲剧一笔带过，仿佛这位当代最著名的美国内战史研究者也不忍在此历史场景驻足逗留片刻。也是在林肯总统停止呼吸的那一刻，他的战争部长斯坦顿为他祷告："现在，他已属于千秋万代。"

林肯走进了历史，化身为历史。在 1862 年 12 月 1 日致国会的年度咨文里，林肯总统曾这样讲道："我们不可能逃避历史……这一场我们正在经历的烈火般的考验将谱写出我们的命运，我们将为后世人永远相传，或名垂青史，或声名败坏。"整整一个月后，1863年新年那天，林肯总统签署了《解放黑人奴隶宣言》，签署那一刻，林肯告诉他的内阁："如果我的名字可以永留青史，那就是因为这一法案，而我的全部灵魂都写在里面。"自此后，美国内战这场保卫联邦共同体的战争，就化身为吹响"自由之号角"的解放战争。在内战结束后，林肯用他自己的生命以及在内战中牺牲的六十多万名士兵的鲜血，如他在葛底斯堡演讲中所宣称的，让美利坚民族获得"自由的新生"，同时也让八十七年前的建国者所创设、由"我们人民"赋予全部正当性的立宪共和国得以"永世长存"，这就是林肯的历史功绩。如麦克弗森教授在《林肯传》最后一段所言："林肯的名字写入了历史，非任何美国人所能及。林肯让所有美国人，甚至是世界各地的所有人都有理由记住，林肯曾活在这世界。"

林肯早已"属于千秋万代"。他是美国历史内的一道分水岭，对于每一位生活在"林肯之后"的美国人而言，他都活在由林肯所奠定的宪法秩序内。而且，由于美国两百年前的建国宪法在经过林肯的"再造"后延续至今，所以在林肯之后，如何讲述林肯，如何在一个民族的历史记忆中塑造乃至是"制造"出林肯，从来都是一个同当下政治斗争息息相关的历史叙事问题。当然，对于中文读者而言，如何理解林肯也并不只是一个舶来自异域因而事不关己的问题。林肯带领美国这个宪法共同体渡过内战这场宪法危机，以自己的身体力行回答了他在执政之初即提出同时亦构成他毕生求索的问题——一个立宪共和国如何可能永世长存。在此意义上，每一位生活在现代共和国内的政治公民，也都生活在林肯的宪法遗产内。特别应予指出的是，林肯总统也深知自己文治武功所具有的世界意义。早在内战初期，在 1861 年 7 月 4 日致国会特别会议的演讲中，林肯就指出，内战的胜败以及由此所决定的联邦共同体的分裂或延续，"涉及的不只是合众国共同体的命运。它还向人类的大家庭提出了一个问题"。在此意义上，中文读者在林肯离开这世界整整一百五十年后阅读林肯，仍是在理解一个同我们当下生活息息相关的伟人及其世界，当然，我们的阅读事实上也是在参与"制造"这个属于"千秋万代"的林肯。

林肯生在过去，属于现在，而永远活在未来。

二

麦克弗森教授的这本《林肯传》，出版于 2009 年；大约同期，同样是为了纪念林肯 200 周年诞辰，哥伦比亚大学历史系的埃里克·方纳教授广邀当代最杰出的林肯研究者，请他们由各自的视角出发去提供理解"林肯及其世界"的文章，最后结集出版为《我们的林肯：关于林肯及其世界的新视角》（该文集的开篇文章就是麦克弗森教授受邀而作的

《林肯，总司令》）。[1] 在为此书所写的导言中，方纳教授特别指出了美国当代林肯研究所呈现出的一种分裂。一个阵营是基于林肯档案、以林肯为具体对象的研究，另一个阵营则是研究 19 世纪（也即林肯生活世界）的学术作品，但问题在于，两个阵营之间却如同楚河汉界，不相往来。"这两种学术趋势——其一是重新兴起的对林肯的关注，其二是对林肯世界的重新思考——却依然是相互隔断的。一方面，有些林肯研究者只是在轻描淡写林肯的历史语境，另一方面，专攻 19 世纪美国的历史学家通常未能阐释出他们的新作品对理解林肯所具有的意义。"[2] 简言之，在方纳看来，美国当下的林肯研究撕裂了"林肯"和"林肯的世界"之间的关联，而要在林肯诞生两百年后重新找回一个"我们的林肯"，就是要营造出可以沟通"林肯及其世界"之桥梁的新视野，这代表着美国当代最杰出林肯研究者的学术共识。

回到中文世界的林肯形象，我们也可以发现一种异曲同工的分裂。林肯是美国建国以来最伟大的总统，也始终存在于我们的阅读视野内，但我们的林肯形象也是作为一个个体人而存在的，仿佛他就是一个可以超越自身所处的历史世界，放之四海而皆准的美国梦乃至人生理想。甚至，我们还有一个更多地属于大众阅读、儿童教育甚至心灵鸡汤段子的"林肯"，在这种叙事中，林肯不过是"诚实（从不说谎）的亚伯"、"爱读书（但却未受过正规学校教育）的亚伯拉罕"、过着一种"失败–失败–再失败–somehow 却变身为历史伟人（说得更直接点，就是从'屌丝'到'高富帅'）"的奇幻人生。林肯曾说，"我们不可能逃避历史"，但我们却将林肯同他所身处的历史进程硬生生地撕裂开来，而这种脱离历史语境的林肯，同样可以是"李肯"、"张肯"或者"杨肯"，是卡耐基笔下的林肯形象，更多地属于"励志术"或"成功学"，而不是"历史学"。

正是为了将林肯带回到他的生活世界，在林肯逝世也即美国内战结束150周年之际，我选择翻译了麦克弗森教授这本出版于2009年的《林肯传》小册子。麦克弗森教授为林肯所做的传记虽然简短，但不夸张地讲，这是当代最卓越的林肯研究者基于其毕生对林肯及其生活世界的研究而写出的"小册子"，是典型的"大家小书"。虽然简短，但其学术价值却大大超越了目前图书市场上流行的卡耐基风的林肯演义。特别要指出中文版的《林肯传》不仅包括了麦克弗森教授的传记部分，我还重译了林肯在其漫长政治生涯内发表的六篇经典演说，在这六篇演说中，最早的一篇发表于1838年，那时的林肯尚且不满29岁，未及而立之年，余下五篇均为林肯总统任期内的演讲，最后一篇是林肯的第二次总统就职演说，那时的林肯已经走到了自己人生的边上，距离他遇刺只有四十多天的时间。我将这六篇演讲称为"林肯六篇"，在我看来，这"林肯六篇"，属于理解林肯及其所推动的共和再造以及宪法转型的"经典教义（canons）"，其内部构筑着一个解读"林肯之前"这段美国早期宪法史的编码系统和意义世界。在此意义上，林肯在1863年的葛底斯堡演讲，就是美国建国八十七年以来若干重大历史问题的决议。这六篇演讲作为附录收在传记之后，意在追求两种阅读传统的一次融合，我衷心希望，这种"经史互证"的编排，可以让这本书成为理解林肯及其宪法意义的非常特别乃至不可替代的读本。

三

林肯生于1809年2月12日，此时正是杰斐逊政府的最后日子；辞世于1865年4月15日，此时距离美国内战结束还不到一周的时间。林肯在这个世界上活了56个年头，其中52年都是生活在美国西部边疆州的。读《林肯传》可以知道，他出生于肯塔基州，全家人在印第安纳由领地升格为州的当月迁居至该州，在林肯刚过成年时又搬至伊利诺伊州。在斯普林菲尔德，林肯度过了人生的最长一段时光，1861年2月11日，林肯在踏上赴任华盛顿的旅途时曾向前来告别的"乡亲父老"致辞："我在这里生活了四分之一个世纪，从青年进入了老年……我现在要走了，不知道哪一天能回来，或者是不是还能回来。"最终，林肯还是归来了，1865年的5月3日，火车载着林肯这位内战最后一位烈士的遗体重返斯普林菲尔德，林肯就安葬于此。林肯在华盛顿的日子，只有四年多一个月，他在1861年3月4日就职美国第

16 任总统，1865 年 4 月 15 日遇刺身亡，而在林肯的白宫岁月内，绝大部分时间都是在内战这场"烈火般的考验"中度过的，内战自 1861 年 4 月 12 日打响，这时距离林肯就职不过一月有余，而当 1865 年 4 月 9 日，南部同盟的李将军向联邦军队投降时，林肯遇刺的国之悲剧不日即将降临。

以上是林肯人生的一个基本图景，由此也可见有关林肯的一个基本史实：在林肯的有生之年，美国宪法的文本没有发生一个字眼的变动。第十二修正案在 1804 年增修进宪法，此时距离林肯降世还有五年之久；而令读史者抱憾的是，林肯也未能活着看到第十三修正案写入宪法，要等到 1865 年的岁末，这条林肯生前力推的废奴修正案才得到最终批准。于是问题来了，我们应如何理解林肯在美国宪法史中的分水岭地位？为什么一部自 1776 年以降的两个半世纪的美国宪法史，首先要一分为二地分为"林肯之前"和"林肯之后"两个历史阶段？又是在何种意义上，"林肯之前"是一段属于遥远过去的宪法史，而"林肯之后"就迈入了美国宪法的现代史乃至当代史呢？

回答这个问题，我们必须把林肯带回到他所身处的美国宪政历程中。以 1776 年《独立宣言》、1781 年《邦联条款》、1787 年费城制宪这段"革命-制宪-建国"的三部曲为历史起点，至 1861 年内战爆发，是一段长达 85 年、前后绵延三代人的美国早期宪法史，林肯的全部宪法意义都是在美国早期宪法所规定的历史语境和价值尺度内展开的。

遥想费城当年，建国之父们为了实现政治力量在最大范围内的团结，历经百日的政治讨论，起草了一部容纳着若干重大政治妥协的建国纲要。在此意义上，费城之所以发生"奇迹"，很大程度上要归因于制宪者以妥协求团结的政治策略。在经历一场历时更久、范围更广、程度更深的全民大辩论后，费城宪法的草案得到批准，取代《邦联条款》而成为"各邦/州的共同体（Union of the states）"的根本法，借用甘阳教授多年前的概括，这是一段"公民个体为本，统一宪政立国"的故事。

但正是因为宪法内包含着妥协，这种通过立宪而建构共同体的建国过程就有其不彻底性，在《联邦党人文集》第39篇中，在新宪法墨迹未干之际，宪法之父麦迪逊就对这次制宪的成果做出了一个非常巧妙的定性："本宪法既不是完全国家性的（national），也不是完全联邦性的（federal）。"换言之，这部建国宪法既有国家性的元素，也有联邦性的元素，在共同体的构成方式上，制宪者设计出的是一种"混合政体"。因此，在费城奇迹过后，美国政治家如何在建国宪法秩序内保持"国家性"和"联邦性"在对抗中的统一，始终构成了美国政治发展在宪法维度内的根本矛盾，也是美国早期历史上两种宪法路线之间"相爱又相杀"的源头分歧。既然宪法解释的分歧在于建国的不彻底，那么早期宪法史上的学说之争，就不是解释学意义上的法教义争议，而是内在于建国宪法秩序的政治传统和路线对抗。简言之，建国宪法实现了各主权邦的"合众为一",但却未能实现宪法适用的"定于一"。建国"八十七年以来",两种政治路线始终在同一秩序内反复博弈、斗争和妥协,直至林肯在1860年岁末当选美国总统,南北双方不再"相爱",唯有"相杀","于是,战争来了"。

在这一漫长建国时刻的叙事结构内,林肯总统出现在两种解释传统再也无法和平共处而必须要诉诸刀剑的历史时刻。在林肯之前,建国宪法内部包含着极开放的解释空间,内战前的政治辩论也因此表现出极大的尺度,只要不是鼓吹踢开宪法闹革命或搞分裂,即便是卡尔霍恩这么激进的州权主义者,也要自觉地将其极端学说追溯至建国秩序内的某种传统,将麦迪逊和杰斐逊在1898年分别起草的《弗吉尼亚决议》和《肯塔基决议》奉为其理论正统。而之所以说林肯是美国宪法最伟大的解释者,就是因为他用内战的胜利确立了国家主义路线的胜利,宣告了州权主义作为一种宪法学说的死亡,实现了建国宪法解释的"定于一",终结了美国早期宪法史的漫长建国时刻。

与此相关,在"林肯之前"存在的多种合法性传统,原本就是嵌入在差异而多元的建国史叙事中的,但林肯改变了这一切,短短只有272个单词的葛底斯堡演讲,正是美国建国以来若干重要历史问题的决议,它由林肯所起草,最终奠基于内战中牺牲士兵所抛洒的鲜血之上。可以说,在林肯牺牲之后,他在葛底斯堡演讲中所表达的建国史观,以及在第一次就职演说中所阐释的国家主义学说，就成为美国宪法的正统，凡是企图颠覆这种林肯宪法的，就是美国这个立宪共和国的"乱臣贼子"。而在更法条一些的意义上，林肯对建国宪法的解释化身为美国宪法的第十三、十四和十五修正案：废除奴隶制以实现"自由的新生"，将一个复数存在的合众国转变为一个统一不可分裂的民族国家，让这个共同体生生不息，"永世长存"！

四

林肯不仅属于美国，也属于全世界。在此意义上，林肯也接续了美国第一代建国者的思考和探索。

在《联邦党人文集》第一篇的开篇，汉密尔顿即这样告诉纽约州的民众："人类社会（societies of men），是否真能通过慎思和选择而建立起良好的政府？还是命中注定要依靠偶然和强力来获得他们的政治宪法？"在联邦党人看来，若是美国人民在此危机时刻做出错误的选择（也即1787年宪法被否决），那么"应当视为人类的普遍不幸（general misfortune of mankind）"。同两代人之前的联邦党人一样，林肯对立宪共和国以及民主政体的论述，也自觉地展开在一个世界范围的语境内。

关于林肯所生活的时空内共和制的脆弱性，麦克弗森教授在结尾章曾有过一段精彩的概括：

在一个由国王、王后、皇帝、沙皇、独裁者和贵族统治所称雄的世界里，共和国只是一种脆弱的试验。美国人痛苦地意识到，古往今来，大多数共和国最终陷入崩溃，不是堕入专制暴政，就是被推翻。生活在1861年，有些美国人曾目睹法兰西共和国的两起两落，1848年的欧洲曾见证数个民族主义共和国的勃兴，但旋即被扼杀于反革命的反扑，而在拉丁美洲，共和国如走马灯一般来而复去。[4]

在1861年3月4日的总统就职演说中，林肯即向南方分裂分子亮明自己的立场：根据建国宪法，联邦共同体应是永续的，南方各州无权单方面宣布"退出"，退出这种行径，本质上讲是"一种无政府"，是对民主所要求的"多数人统治"原则的彻底否定，是落入"无政府"或"暴政"的第一步。四个月后，在7月4日国庆日致国会特别会议的咨文中，林肯指出：

> 我们的人民政府经常被称为一场试验。在这场试验中，我们的人民已经解决了两个关键问题——成功地建立起（establishing）政府，成功地管理着（administe-ring）政府。现在还有一个问题尚待解决——这就是成功地维系（maintenance）政府，应对任何企图颠覆政府

的内部叛乱。[5]

因此，林肯是这样表述美国内战所提出的宪法问题的，
"一个立宪共和国，一个民有并且民治的民主政府，是否有
能力抵抗它的内部敌人，从而维持其领土的完整。"我们应
当看到，林肯特别指出，这个问题不只事关合众国的命运，
而且是"全人类大家庭（whole family of man）"都要面对而
且要做出回答的。在林肯看来，在自由社会内，只要多数
人，一方面接受作为先定承诺的宪法规范的规约，另一方面
可以随着民意和民情的变化而做出交接和轮替，那么民主的
天经地义就是少数人应当服从多数人。但现在，美国南方因
为在选票上失利无法控制全国政府，就诉诸子弹和暴力来分
裂政府，这等同于"终结全世界的所有自由政府（free gov-
ernment upon the earth）"。在这次于国庆日所做的演讲中，
林肯反复表述的就是如何在"建立"和"管理"政府之后
去"维系"政府的问题："难道所有的共和国都不可避免地
具有这种天生的、致命的缺陷吗？难道一个政府要么就是过
于强大，以至于威胁到自己人民的自由，要么就必定太过弱
小，以至于无法维系自己的生存？"

即便是在内战元年，林肯也非常清楚，这个问题的答案
并不取决于理论的自洽或逻辑的推演，这是一个要由战争去
检验，由胜利做决断的问题。在此后，在 1862 年 12 月致国
会的咨文内，林肯将联邦共同体的共和试验称为"人世间这

最后最美好的希望（the last best, hope of earth）"，其命运如何，最终是要由内战这场"烈火般的考验"所决定的。而在一年后的葛底斯堡演讲中，林肯也坦然指出，"我们的国家，以及任何孕育于自由并奉行平等原则的国家（nation, or any nation），是否可能长久存在下去"，这是要由内战来检验的问题。

由是观之，林肯的政治论述并没有局限在美国这个新生民族的本土资源，他在担任总统期间的宪法之言与之行，呈现出了立宪共和国在宪法设计上的一般原理和普遍意义。1788 年，在《联邦党人文集》的第 10 篇内，建国宪法之父麦迪逊论述了为何共和制更适合广土众民的大共和国（enlarged republic），成了美国宪政实践对人类政治文明最具原创性的贡献之一；两代人之后，林肯的宪法功绩就在于他"维系"了这个由建国者所"建立"的政府，用内战的鲜血写下了共和政体的反分裂原则，也即，共和国的少数人不能因选举失利就诉诸子弹，他们应当接受多数人政府基于宪法的统治，耐心等待下一次选举时实现政府轮替。"他们无法通过一场选举取得的东西，也不可能靠发动一场战争就能得到——告诉所有人，做发动战争的罪魁祸首，实在是愚不可及。"正是因为这一"反分裂"的原则，林肯在葛底斯堡演讲中所说的"民有、民治、民享"的政府才得以永世长存。

林肯已逝，林肯不朽。

注释

1. ［美］詹姆斯·麦克弗森：《林肯传》，中国政法大学出版社2016年版。

2. Eric Foner, ed. , *Our Lincoln：New Perspectives on Lincoln and His World*, W. W. Norton & Company, 2008.

3. Eric Foner, ed. , *Our Lincoln：New Perspectives on Lincoln and His World*, W. W. Norton & Company, 2008, p. 12.

4. ［美］詹姆斯·麦克弗森：《林肯传》，中国政法大学出版社2016年版，第84—85页。

5. ［美］詹姆斯·麦克弗森：《林肯传》，中国政法大学出版社2016年版，第145页。

一九三七：
美国最高法院到了最危险的时刻

罗斯福总统终于下定决心，是时候对不识时务的最高法院亮剑了。

在1936年的总统大选中，罗斯福取得了一场摧枯拉朽的胜利，拿下了除缅因州和佛蒙特州以外的全部选举人团票，以空前的优势击败了来自共和党的挑战者。与此同时，民主党进一步巩固了在国会两院内的多数地位。1937年1月20日，罗斯福面对首席大法官休斯做就职宣誓："我将……竭尽全力维持、保护和捍卫合众国宪法。"但典礼一结束，总统却对他的助理关门说话："首席大法官领我宣读誓词，当他读到'捍卫合众国宪法'时，我心里就在说：'嗯，但这是我所理解的宪法，它灵活性十足，可以应对民主提出的任何新问题——而不是你们最高法院所树立的那部宪法，纯粹是进步和民主的路障。'"

在罗斯福执政的头四年，最高法院屡屡宣布关键的新政立法违宪无效，是改革派在政府内的心腹大患。现在，既然美国人民已经万众一心团结在自己身边，罗斯福也下决心扫荡新政路上的最后路障。2月5日，他拿出了酝酿已久的"填塞法院"议案。接下来的半年时间，全美人民都将目光投向华盛顿：最高法院因其对罗斯福新政的负隅顽抗而引火烧身，现在到了最危险的时候。这个司法殿堂究竟能否维系它在美国宪制内的独立，就视乎这场"那一代人的政治大戏"如何演出了。

故事就是这样开始的。

<h1 style="text-align:center">一</h1>

罗斯福之心，世人皆知。填塞最高法院的方案，当然不是像罗斯福所讲的那样清白——只是为了向老态龙钟的最高法院补充一点新鲜血液，为主掌司法最高殿堂的九位老人减负，让他们更从容地应对案头的诉讼议程。此举意在通过"填塞"而实现对最高法院的改组。按照所拟方案，总统可为每一位年过七旬的大法官配备一名与之平起平坐的助理大法官，在最高法院当时的九老中，仅有斯通、罗伯茨和卡多佐未到古稀之年，这也就意味着，只要国会通过了罗斯福的方案，他就可以一举向最高法院任命六位自己人。填塞后，新政改革派在最高法院内将成为无可动摇的新多数，如此重组的十五人裁判庭也将唯总统马首是瞻，成为新政立法的橡皮图章。故事会如此这般发展下去吗？

3月9日那天，罗斯福温暖的声音通过广播传至千家万户，在第九次炉边谈话中，总统为守候在收音机前的普罗大众解释了他的良苦用心。如罗斯福所言，美国的三权分立政体，好比三匹马拉动的一辆马车。"现如今，其中的两匹马在协力前行，但第三匹马却拒绝跟进"，"因为最高法院，联邦政府之间的权力平衡已经被彻底打破"，"我的目的就是要恢复这种平衡"。最高法院此前的所作所为，已经让他们成为"经济保皇党"路线的代言人，现在"是时候采取行动，从最高法院手里挽救宪法了。我们必须要找到一种方式，诉诸宪法自身，而不是听任最高法院来决策。我们所要的最高法院，是根据宪法施行正义的，不是践踏宪法的……我们想要一个法治的政府，不是人治的政府"。归根到底，罗斯福诉诸美国人民，仍意在表明心迹：填塞法院，并不是要摧毁宪法所确立的司法独立，反而是他在履行自己的护法誓言——只是这部宪法，如罗斯福再三所示，"是一部门外汉的文件，而不是法律人的契约。"

总统挟民意以令法院，旗帜鲜明地向法官亮剑，在美国政治中不是小事。回望罗斯福的第一任期，虽然集万千民意于一身，但苦等了四年，最高法院也未出现人事更迭，罗斯福终究无法通过常规手段，用改革派的"小鲜肉"来扩充自由派的阵营。时至1937年，华盛顿的政治局面一言蔽之，就是新与旧之间的对峙：一位以改革为天命的新政总统，面对着由前朝旧臣主宰的最高法院。此时的九人，平均年龄高达七十二岁，是不折不扣的九老（保守派的四大骑士，悉数年过古稀）。当一位五十五岁的新政总统向一家平均年龄达七十二岁的法院宣战时，这不仅是政治和司法分支在竞争宪法领导权，还隐藏着新时代和旧秩序在分水岭时刻的撕裂。

在美国司法的历史坐标系上，30年代已经是洛克纳时代的尾巴了。这段声名狼藉的司法史，因 1905 年的洛克纳诉纽约州而得名。麦克洛斯基教授曾如此刻画洛克纳时代的最高法院："镀金的马刺和宝剑已准备就绪，世人满怀期待。这个骑士会立即发动勇敢的进攻，将所有'社会主义'恶龙斩于马下，拯救所有'自由企业'淑女吗?"在洛克纳时代的三十年，当审查摆在面前的社会经济立法时，最高法院虽然谈不上一个都不放过，但总是时刻保持着警惕。在信仰放任自由的大法官看来，这些新奇的管制立法是对普通法秩序的背弃，是社会主义的洪水猛兽，是邪恶的阶级立法，如果大法官此时袖手旁观的话，借用洛克纳判决中多数意见的一句话——"我们所有人岂不要任由立法多数派摆布"。正是因此，洛克纳时代的大法官以笔为刀，他们横刀立马，严防美国人走向通往奴役的道路——新政立法，当然要手起刀落。

二

如此说来，这是一场注定要发生的对峙，并不以罗斯福或大法官的个人意愿为转移。一方面是积三十年之功的司法心智，法官应当肩负守护自由宪法的时代重托；另一方面却是罗斯福的"百日维新"，如他在第一次就职演说中所言："国家要求行动起来，现在就行动起来。"在这种场景内，罗斯福在就职百日内通过的一系列立法，能否通过大法官的这道关，从一开始就是新政改革的命门所在。

公允地说，最高法院对新政之变的恨与怕，其来有自。新政伊始，大法官放过了几部颇具风向标意义的新举措。1934年，最高法院维持了明尼苏达州的一部债务豁免立法，在判词中，休斯写道："虽然紧急状态并不创造权力，但它可能提供了权力行使的场景。"由此可见，面对着大萧条这样的艰难时世，如休斯这样的中间派大法官至少承认一点：即便宪法这部"经"仍不可变，或者说虽然宪法这部"经"尚未发生文本变动，但政府的干预之手却仍有从"权"而动的空间。1935年，又是一个分裂的五比四判决，最高法院维持了联邦政府放弃金本位制的决定，以至于麦克雷诺茨在反对意见中一度痛心疾首："至于说宪法，说它已经被扼杀也不为过。我们今天应痛感羞耻和悲哀。"

"蜜月期"如果有的话，也总是转瞬即逝，余下的日子就是同床异梦了。决裂的时刻发生在1935年5月27日，在这个"黑色星期一"，最高法院上演"帽子戏法"，一连将罗斯福的三部新政立法斩落马下。甚至到了岁末，报纸编辑都将"最高法院下达判决，怒怼新政"选为1935年的年度新闻。三项判决中，最重要的要数关涉《全国工业复兴法》之命运的谢克特家禽公司诉合众国案。也是在此案中，最高法院结成统一战线，全体一致地撤销了《全国工业复兴法》，归根到底还是休斯主笔意见内的这句话："紧急状况并不创造或扩大宪法权力。"谢克特案判决做出后，罗斯福第一时间就召开一场别开生面的新闻发布会，称此案"比我此生所经历过的任何一件法院判决都更重要"，罗斯福的发言持续了一个半小时，批评纵有万语千言，矛头却始终对准大法官的封闭僵化："难道我们只能固守马车时代的州际贸易概念？"

战场已经划定，这是新旧两种宪法观之间你死我活的冲突。新政之所以"新"，就在于它建立在一种整全的政治学说之上，也就是我们现在所说的"新政自由主义"。罗斯福的全部诉求可以归结为一句话：旧的、以放任自由为基础的宪法秩序已死；新的，在新政自由主义指导下的政治秩序当立。但在此革故鼎新的宪法时刻，大法官以法治之名垄断了对宪法的解释，成为新政宪法的最大敌人。正因此，罗斯福主张"活"宪法：一部制定于马车时代的宪法要想在 20 世纪仍有生命力，生生不息的奥秘就在于与时俱进。但最高法院内的反对派当然不这么想，活宪法恰是他们所抗拒的异端邪说。如"四大骑士"之一的萨瑟兰大法官所言，作为宪法的守护者，大法官的职责就是要拒腐防变："宪法不可能一会儿是这个意思，一会儿又是另一种完全不同的意思。"

三

休斯大法官在宪法史上最著名的一句话，出现在他出掌最高法院之前。1907 年，距离洛克纳案只不过两年光景，时任纽约州州长的休斯对本州商会致辞："我们生活在一部宪法之下，但这部宪法是什么意思，却是由法官说了算的。"三十年后，当休斯主持罗斯福的第二次就职典礼时，他执掌的法院却到了最危险的时候。如罗斯福心头暗语，总统当然要守护宪法，但总统所守护的只能是总统"所理解的宪法"。即便大多数时候，总统和大法官在宪法解释上是相安无事的，甚至总统也乐意大法官去"说了算"，但路线之争一旦露出峥嵘，最高法院才发现自己还是汉密尔顿在《联邦党人》中所说的那个"最不危险的分支"：既不控制钱袋子，也不掌握枪杆子。

按照耶鲁法学教授阿克曼的说法，"我们人民"虽然是整部宪法的主语，但却是寻常看不见的，只有在"宪法时刻"才登场。罗斯福有理由相信，1936 年的总统大选就是一次人民出场的宪法时刻。在大选前，总统和法院之间的宪法分歧已经向大众选民发出信号：即将到来的大选是对罗斯福新政的民主复决。如当时一位纽约律师在辩论中提到："现在，每个人都在谈论宪法。所有人都是'宪法自觉'的。"来自内布拉斯加州的参议员诺里斯在国会内讲得明白："我们的宪法，应当基于当下的文明之光来进行解释，而不应该被禁锢在一个多世纪之前所缝制的紧身衣内。"如果说新政是基于新文明之光的，那么大法官就是落后保守的老顽固。有人在 1936 年写信给罗斯福："大法官们落后于时代，太显而易见了——你只要看看休斯留的那连鬓胡子就行了。"

当年十月，一本名为《九位老男人》（*The Nine Old Men*）的书风行一时。情势如此，1936年总统大选过后，华盛顿的政治格局就为之一变。当最高法院的保守派还在固守封闭僵化的老路时，美国人民却已改旗易帜，围绕着罗斯福新政而团结起来。到了这时，大法官再也没有理由以护法之名来阻挡改革进程了，活宪法的学说取得了胜利。时代在日新月异地进步，如芝加哥大学政治学家梅里安姆所言："在历史上大概从未有过这样的时代，社会变革如当下之迅猛，对变革和调整的需要如当下之迫切。"因此新政改革者的当务之急，是要让大法官跟上时代前进的步伐——毕竟，新政已成浩荡的大势，逆之者亡！

国会山上早已是暗流涌动，民主党议员拿出了修改宪法的方案，要剥夺大法官对违宪立法的终审权。按照所拟方案，最高法院虽然可以否决国会立法，但如果国会两院以三分之二的多数重新通过该立法，就可以完成对大法官否决的否决。但罗斯福并不愿对宪法文本动手术，在他看来，症结仍在于走封闭僵化之老路的大法官，是他们念歪了宪法这部经，所以通过人事填塞而改组最高法院，反而是对美国宪制系统扰动最小的方法。当罗斯福在2月5日抛出填塞方案时，他相信自己考虑到了历史的进程，毕竟，宪法文本从未规定最高法院必须是九个人的编制，建国一个半世纪以来，大法官的人数发生过六次变动。前辈总统做到的，罗斯福有何理由做不得？

"那一代人的政治大戏"开演了，最高法院在接下来的半年内成为全国政治的"风暴眼"。领衔主演当然是罗斯福总统，虽一意孤行但却时刻不忘对民众循循善诱，还有长袖善舞者如休斯大法官，他可谓是共和国内"法律人－政治家"的典范，恰逢其时地担任司法掌门人，若是没有他四处奔走的公关，最高法院就未必能躲过这一劫。国会内的民主党和共和党议员更是各怀心思，民主党内不少议员公然对抗罗斯福；而共和党则乐得作壁上观，让民主党自己反对自己。这出剧比《纸牌屋》还精彩，历来是美国通俗史学家乐此不疲的创作题材。盖洛普民调当时还是新事物，民众对华盛顿政治的态度竟可以如实时滚动的股票市场一样展示出来，正反方的民意胶着在一起，整整五个月，最高法院能否逃过这一劫都悬而未决。

　　整出大戏的落幕，即7月22日参议院驳回填塞方案，是众所周知的结局。但回头去看，罗斯福为什么功败垂成，并不是因他撼动司法独立的企图是可笑不自量的，非但没能训诫最高法院，反而招致本党议员离心离德，最终反戈一击。如里根时代的首席大法官伦奎斯特所言："罗斯福总统输掉了填塞法院这一战役，但却赢得了控制最高法院的这场战争。"整出戏的转折点出现在3月29日，在万众瞩目的西滨旅社诉帕里什一案中，最年轻的罗伯茨大法官一反常态，舍弃了保守派四大骑士，转而同布兰代斯、斯通、卡多佐，以及同为中间派的休斯组成了新多数，此案以五比四维持了华盛顿州的一部女性最低工资立法。4月12日，以同样的五比四，最高法院放过了另一部关键的新政立法《全国劳资关系法》。罗伯特·杰克逊此时还是司法部的高级官员，曾在参议院就填塞方案听证时代表政府陈情，数年后，在他被任命至最高法院前夕，回望1937年时他这样写道："联邦最高法院已经成为井底之蛙，放任自由的旧世界在全世界都已经被宣告死亡——除了法院。"而现在，当休斯大法官在判词内痛陈契约自由如何成为血汗工厂的庇护时，放任自由的最后堡垒也已经向新政自由主义举起了白旗。就此而言，美国现代宪法秩序诞生于1937年3月29日，也即杰克逊所说的"白色星期一"。既然旧法院已经崩溃，总统的填塞方案就实属多余——罗斯福不战即可屈人之兵。最后出手挽救最高法院的是罗伯茨，这就是我们常说的宪法史上的"一人转向，挽救九人"（the switch in time that saved nine）。

当然，罗伯茨的转向来得正是时候，让人无法不怀疑这纯粹是一次政治重压之下的司法屈从，是耶非耶，历来是美国宪法史上的一桩悬案，后世学者莫衷一是。罗伯茨变脸后，保守派的范德万特大法官也心灰意冷，在5月18日宣布自己将在本开庭期结束后退休。人算不如天算，接下来的四年，从1937到1941年，罗斯福获得了七次大法官任命机会，当他的司法部长杰克逊在1941年夏天被任命至最高法院时，眼前的法院早已换了天地。四大骑士都已成俱往，当年对抗新政的九人中，仅存的一位也是自由派的斯通，他与罗斯福任命的布莱克、法兰克福特、道格拉斯、杰克逊，构成了新法院的中流砥柱，用大法官的笔奠定了罗斯福新政的宪法基础。按照阿克曼的说法，新政是一次不成文的宪法革命：新政的宪法成就并不在于文本上的修正案，而是由大法官在1937年后一系列的里程碑判决所书写的。

哈佛宪法学者托马斯·里德·鲍威尔曾讲过一个笑话，当他在最高法院开庭期内给学生讲授宪法时，课堂上必须时刻看手表，才能告诉学生法律是什么——那几年的变化就是如此令人应接不暇。

四

因不满最高法院的宪法判决而对大法官亮剑，罗斯福既不是前无古人，也非后无来者。回顾美国历史，越是积极有为的伟大总统，越有可能留下挑战最高法院的历史记录。倘若我们把"大法官说了算"设为美国宪法的一项根本原则，那么这些伟大的政治家却背弃了他们的誓言，非但没有保卫宪法，反而是在颠覆美利坚赖以立国的基本原则。为什么伟大的总统往往是反法治的？为什么反法治——在此定义为对最高法院之宪法领导权的挑战——丝毫无损于这些总统的伟大声名？甚至是，理解他们的成就恰恰无法回避他们对司法权威的挑战——有时是轻蔑的践踏。难道我们读到的都是假历史，还是说我们对美国法治的理解从一开始就有偏差？

杰斐逊总统在 1800 年革命后上台，首先拿联邦党人的大法官蔡斯开刀，在他看来，让大法官在宪法问题上说了算，这是"一种着实危险的学说"。一代人后，杰克逊总统和马歇尔大法官的故事众所周知，当马歇尔又一次在判决中重申联邦主权时，据传杰克逊曾说过："马歇尔做出了他的判决，那现在就让他去执行吧。"无论判词多么惊天动地，最高法院还是那个既不控制钱袋子，也不掌握枪杆子，而只能动动笔杆子的机构。内战前夜，林肯总统也在就职演说中批评最高法院，大法官若是垄断了宪法解释，就意味着"人民不再是他们自己的主人了"。到了进步主义时代，当休斯州长在纽约州商会宴席的觥筹交错间主张"大法官说了算"时，进步主义者却在酝酿着种种旨在限制司法权的民主改革。三十年后，正是在休斯的领导下，最高法院在最危险的时刻完成了一次转弯，不放弃大法官说了算的态度，未必就能自保。

　　但又不能因此以偏概全，认为大法官在面对强势总统时无独立可言。毕竟，在大多数时候，总统会按照常例，尊重最高法院的宪法决策，至少没必要耗费自己的政治资源去做无益的干预。但另一方面，总会有一些特殊的历史时期，总统一反常态，挑战大法官的宪法解释权威，由此造成的宪法危机往往是以司法的退让而收场的。安全的说法也许只能是：大法官说了算，除了他们说了不算的时候。如果说这场一九三七年的危机告诉我们什么，那就是我们应当正确地提出问题：与其不断重复大法官说了算这样的口号，表明自己支持某种版本的司法独立，不如思考为什么在且仅在某些时候大法官说了不算。换言之，总统和大法官之间的宪法冲突，虽然是历史的例外，但却不是理论的边缘，恰恰相反，思考这种例外的宪法场景，正是我们真正把握美国宪法政治的学术切口。

政治学家斯科罗内克对此有一解，按照他的总统类型学，有一种总统叫作改革型总统，他们在旧宪法秩序摇摇欲坠的时候登上历史舞台，担当着革故鼎新的宪法使命，如杰斐逊、杰克逊、林肯和罗斯福，都是典型的改革型总统。他们在任上做出干预最高法院的大动作，无关乎总统的私德，而是一种内置于宪法结构的冲突。当以革新为天命的总统遭遇到以守旧为职分的大法官时，新与旧之间的冲突就会在三权分立政体内激化为寻常看不见的宪法危机。民主要求政治家倾听民众当下的声音，而法治的要义却在于遵守历史形成的既成政治规范，在此意义上，我们经常挂在嘴边的"宪政"与"民主"恰恰是水火不相容的，两者间的调和之道在于我们要区分两种政治时间。平常时候，民主政府要循常规行事，民主的决策过程要发生在由宪法所确定的政治框架内；但每经过一段较长的历史时期，当既定的宪法规范已经成为进步的桎梏时，革新和守旧之间的冲突就会激化为宪法层面的撕裂。在新旧交替之际，民选总统最能感受到当下的民众呼声，是宪法改革的火车头，而大法官因其任期终身，注定要扮演前朝宪法守护者的角色，当下的呼声和历史的规范在此时刻发生了结构性的对撞。故此，每一次亮剑，非但不是理论上应予屏蔽的例外，反而更像是美国三权分立宪制下的规定动作，是宪法发展机制的关键一环。三权既然分立，相互之间就并不总是温良恭俭让的，回看美国历史上的每一次宪政转型，哪次少得了三权之间的激烈对抗？只不过有时是总统对法院亮剑，有时却是国会要弹劾总统而已。

劳伦斯·却伯和他的宪法时刻

哈佛法学院的劳伦斯·却伯在 2004 年的岁末遇上了一件麻烦事。那年 10 月，《标准周刊》发表了作者署名文章《劳伦斯·却伯以及学术剽窃问题》。文中指称，却伯在 1985 年的著作《上帝拯救这个神圣的法院》中多处"仿效"弗吉尼亚大学亚伯拉罕教授在 1974 年的旧作。由于这已是媒体近年来第四次披露哈佛的学术剽窃事件，哈佛校方立即组成委员会来调查这一指控。根据委员会提交的报告，哈佛校长萨默斯认定，却伯教授在其二十年前的著作中的确存在着不适当的学术行为，但这种并非故意的引注遗漏并不构成抄袭。与此同时，却伯也在公开信中向亚伯拉罕教授表达了自己的歉意。

一

　　虽然却伯承认他在此书中存在学术上的疏忽之处，但《标准周刊》的"旧事重提"明显是一种政治性的报复。即便不说这是一本已经出版二十年之久的畅销著作，单看文章作者在"上穷碧落下黄泉"后搜索出来的证据，唯一具有杀伤力的也只能说是，却伯书中有一处十九个单词的段落是与亚伯拉罕书中完全一致的。其他不到十处的证据大都是，两本书都运用了一些英文中非常少见的用法，比如"总统选举团的反复无常"。而却伯还具备一个有力的辩护理由：这是他应诺顿出版公司之邀写作的通俗宪法读物，全书并无引注。

就在却伯深陷抄袭门事件之时，他在哈佛法学院的同事德肖维茨教授及时给予了声援。德肖维茨的辩护并没有停留在技术层面的论证，而是直面《标准周刊》这次旧事重提背后的政治动机。《上帝拯救这个神圣的法院》建议参议院要加强对总统提名法官的审查，这也是参议院在 1988 年否决里根总统任命博克法官的理论依据之一。在布什与克里的总统竞争渐入高潮之际，《标准周刊》这个保守派杂志攻击这个国家最重要的自由派宪法学家，不仅是为了报当年的一箭之仇，更是要表明共和党在法官任命问题上的强硬态度，顺便也终结了却伯出任最高法院大法官的可能。德肖维茨引用了苏联时期谍头子贝利亚的话："给我带来一个人，我就能给你找出他的罪证。"也就是说，欲加之罪，何患无辞。

但敌人在这个时候的攻击也表明了却伯在宪法学领域内的地位。正如德肖维茨的评价，劳伦斯·却伯是当代美国最著名的宪法学家。他 1941 年出生于上海，六岁那年随父母来到美国。却伯在 1962 年从哈佛大学数学系毕业后进入法学院深造，四年后获得法律博士学位，其后担任联邦最高法院斯图尔特大法官的助理。斯图尔特大法官曾经写下美国宪法史上的名句，"第十四修正案保护的是个人，而非土地。"

但据说这句话最初正是出自却伯的手笔。却伯在 1968 年返回哈佛法学院任教，并于一年后获得终身教职。三十五岁那年，却伯被《时代周刊》评为全美最杰出的十名法学教授之一，三十八岁当选为美国人文与科学院院士。作为一位世界级的宪法学者，却伯曾经帮助南非、俄罗斯、捷克等国家起草了她们的现行宪法。2004 年 5 月，哈佛大学决定授予却伯校级讲座教授的教席。这种教席可以说是现代学者在这个星球上所能获得的最尊贵的头衔。在哈佛大学 20 世纪的历史上，仅有 49 位教授获得校级讲座教授的职位，而在哈佛大学现有 1432 个具有终身教职的教授中，也只有 19 位具有校级讲座教授的头衔。这样一项数据已经足以说明却伯教授的学术成就。

但却伯教授从来都不是躲在书斋中炮制晦涩理论的空想学者，而是以自己的法律理想来改造社会的宪法实践者。却伯也因此被媒体称为"哈佛的自由派雄狮"。关于自由有一个读者耳熟能详的故事：在别人的自由和权利受到侵害时，我们选择了事不关己，高高挂起；但如果这个社会上的人们都缄默不语，这种暴虐的行为迟早会落到自己的头上，而那时已经没有人为我们说话了。事实上，就在抄袭事件发生的两年前，《标准周刊》还曾将矛头指向哈佛的著名作家古德温——他们在古德温一本具有三千多个脚注的著作中发现了几处引注遗漏。却伯在哈佛最著名的学生刊物中撰写了为古德温辩护的文章。作为一位学者，为抄袭事件提供辩护——

即便这种抄袭只是莫须有的空穴来风——需要莫大的勇气。但所谓自由斗士，其标准可能不在于为自己的权利而斗争——这是所有理性的个体在深陷不白之冤时都会做出的选择——而是在别人受到不公正的待遇时候挺身而出，不能是选择明哲保身的处世哲学。

二

联邦最高法院现任大法官布雷耶是却伯教授的老友。他曾经如此评价却伯："今天的宪法学人并不认为却伯教授是任教于哈佛法学院的一位教师，而是认为哈佛法学院是却伯教授任教于此的一所法学院。在这种言词顺序的改变之中彰显出一个成就的世界。"2005 年初，在一封致却伯教授的私人信件中，布雷耶大法官问到《美国宪法》第三版下册的出版时间。首版于 1977 年的《美国宪法》是却伯的代表作，该书后来分别在 1988 年和 2000 年推出了第二版及第三版的上册，第三版的下册却迟迟未出版。在回复布雷耶的信中，却伯做出了惊人的决定：停止修订《美国宪法》。这一决定震惊了美国法学界。有青年宪法学者表示："却伯宣布停止修订《美国宪法》，这就好比迈克尔·乔丹在其竞技生涯的巅峰离开了篮球场。"

在致读者的公开信中，却伯教授解释了他做出这一决定的原因。这封长达十四页的信其实是却伯对美国宪法现状的概括。首先需要指出的是《美国宪法》这本书的性质，虽然许多学术引证排行榜都把《美国宪法》排在法学教材引证的第一位，但此书却并非我们通常所说的案例教科书（casebook），而是关于宪法的学术专著（treatise）。从形式上看，此书的体例和大多数案例教科书并没有太多区别，但在内容上，全书却是运用作者的宪法理论体系来解释纷繁复杂的美国宪法。在信中，却伯教授指出，他在20世纪70年代写作《美国宪法》第一版时，正是沃伦大法官主政最高法院已经尘埃落定之际，因此他的宪法观来自新政后尤其是沃伦主政最高法院以来的宪法实践。但当今的宪法状况却类似于20世纪30年代的罗斯福新政时期，虽然未来宪法变革的种子或许已经种下，但宪法的发展却无从概括。这里用耶鲁法学院阿克曼教授的词语来说，现在的美国宪法处于某种转型时刻。却伯教授在信中这样写道，"因为在许多领域之中，我们发现我们自己位于道路的分岔口——我们可以有理由认为宪法可以从这一点走向数个方向中的任何一个"，"当前试图宣布一种新的理论体系，即便不是堂·吉诃德的幻想，也将预示着全然的傲慢"，"没有什么理论可以忠实记录我们宪法历史的这一时刻——它的冲突、变革和复杂性"。在信的最后，却伯教授认为："我不相信自己已经发现一种足够宏大和合理的视野，从而为我们下一个阶段的宪法提出组织性的原则。"

事实上，自从克林顿在1994年将布雷耶送到最高法院后，最高法院已经有十一年未出现人事变更了。就在克里和布什的竞选期间，许多学者就表示这次选举的胜利者将决定未来三十年的宪法发展。果然，在过去一年间，首先是首席大法官伦奎斯特在 2005 年暑期即将结束时撒手人寰，紧接着是奥康娜大法官为照顾生病的丈夫而决定退休。联邦最高法院保持十一年之久的人员配置终于发生松动，布什也获得了自 2000 年就职以来任命大法官的机会。他首先提名约翰·罗伯茨接替伦奎斯特的职位，这让年仅五十岁的罗伯茨成为最高法院历史上的继约翰·马歇尔后最年轻的首席大法官。如果说前一个约翰法官曾经为最高法院争取到司法审查的权力，现任的约翰首席大法官的年龄优势也可以让他在终身任职的法官职位上发挥长期的影响。布什接着在颇费一番周折后选定阿利托来接替奥康娜。作为美国宪法史上第一位女大法官，奥康娜是最高法院维持保守与自由两派动态平衡的关键人物，她的离职将让最高法院中的派系关系更加微妙。有论者甚至指出，伦奎斯特法院的后半期其实可以称之为奥康娜法院，因为她的立场往往决定案件的最终判决。而考虑到目前最年长的斯蒂文森法官已经八十六岁高龄，唯一的女大法官金斯伯格也曾传出患有癌症的消息，如果布什总统足够幸运的话，他甚至还有机会在剩下的任期中再任命两位大法官。而这些人事变更或许将彻底改变目前最高法院人员力量的平衡。如果说"我们生活在宪法之下，但宪法的意义不过是法官们解说的意义"这句话并非全然谬误，法院在短暂时间中的人事变动确实让美国宪法的发展处在一个十字路口。

三

如果说 2004 年总统大选决定了最高法院的人员更迭，那么 2000 年的总统选举结果却是经由最高法院之手而决定的。在当时的总统选战诉讼中，当民主党候选人戈尔为上诉至最高法院的案件需要一位代理律师时，自由派人士发出了一致的声音，"选择是显而易见的：哈佛的劳伦斯·却伯。"事实上，《新共和》杂志将却伯称为"这个时代最杰出的最高法院上诉律师"。却伯在联邦最高法院代理过三十五件案件，获得了其中二十一件的胜利。但如果把却伯教授所辩护的案件按时间顺序一分为二，则前半部分的诉讼成绩会明显好于后半部分，甚至有 1982 年至 1986 年间辉煌的七连胜。没有哪位律师会随着诉讼经验的丰富而导致愈加糟糕的战绩，这一变化的原因自然不在却伯的身上，答案似乎在于日益保守的最高法院已经和却伯的宪法立场渐行渐远。

但美国宪法的变化却不仅是最高法院人员组成的更迭，甚至也不是具体领域内判例规则的变革，这些只是却伯所说的十字路口的转向灯，真正的潜流或许在于宪法理念的转变。作为在罗斯福新政后出生的一代法律人，却伯眼中的政府不仅是随时可能侵吞公民权利的怪兽利维坦，而且也可能是公民自由与平等的推动者。却伯"弃理从文"进入哈佛法学院的 1962 年正赶上沃伦法院的全盛时期。青年却伯的宪法理念也是来自沃伦时代的宪法裁决。在美国最高法院的历史上，沃伦法院从来都是以司法能动而著称的。但无论你是欢呼，还是憎恶，没有哪个法学院的学生会忘记沃伦法院的革命性判决：1954 年的布朗诉教育委员会案开启了黑白种族融合的过程；1961 年的贝克诉卡尔让最高法院踏入政治荆棘丛以纠正选举制度的种种弊端；1963 年的吉迪恩诉温赖特案改革了各州陈旧的刑事司法体系；1964 年的《纽约时报》案有效地扩展了媒体监督公共官员的权利。而后三个里程碑式的案例都发生在却伯在哈佛法学院求学期间。在其 1985 年的著作《宪法选择》一书中，却伯教授把宪法定位为平等社会的宪章。宪法的功能在于打造出一个更自由、更平等和更公正的社会，当民主政治分支对社会弱势群体的声音充耳不闻时，司法机关显然更有义务为这些群体带来正义的判决。这样理解的话，宪法作为一部法律，不仅是要守护传统的社会秩序，更是要开拓一种新的社会愿景。这时的宪法理念正体现在却伯在哈佛的同事迈克尔曼教授的一篇论文题目《通过第十四修正案来保护穷人》上。却伯教授曾亲历这个宪法雄心高涨的年代：法学院成为普罗大众的神往之地，人们希望公共律师可以给自己带来无法通过政治过程获得的正义。这时的宪法如同一把锐利的长矛，无论是政府制定的歧视法规，还是社会上流行的陈规陋习，都无法抵御住这把长矛的攻击。

但这种宪法理念现在却大致成为宪法著作中的历史记载。《毁约：哈佛法学院亲历纪》是一位哈佛法学院毕业生在哈佛求学的经历自传，内容描绘了年轻的学生怀着为社会正义而战的梦想进入法学院，却在毕业后选择加入为金融与商业利益服务的律师事务所。书中记述了德肖维茨在开学典礼上的一席话："请各位同学看看你们的左手边的同学，因为到毕业时，你们的左边将不再有同学。"当年理想满怀的左翼青年早已蜕变为在现实中生存的右派先生。他们的"宪法"也不再是为社会弱势群体服务的改革催化剂，反而成为维护有权有势者的防波堤。穷人们既然没有资源去敲开立法机构的大门，当然也没有能力跨过摩天写字楼中的律师事务所门槛。现在的宪法已经成为既得利益者用来对抗政府的盾牌，在法学院毕业生的天才辩护下，这些盾牌"物莫能陷"。无论是政府推动社会公正的再分配立法，还是为了社会公益的规制措施，遇上宪法这枚盾牌就只能是无功而返。

但现在的美国宪法只是位于一个十字路口，倒也并非搭上了共和党的客船而覆水难收。事实上，回顾伦奎斯特法院所走过的二十年历程，这个由共和党人主导的法院也并非在所有宪法议题上都表现出一如既往的保守立场。在商业经济议题上，伦奎斯特法院引领了一次联邦主义的革命，开始限制国会在州际贸易条款下的权力；而在社会文化议题上，伦奎斯特法院则表现出了令人困惑的自由色彩，保守派非但未能在伦奎斯特任期内攻克妇女堕胎权的堡垒，反而在同性恋和少数种族优惠措施问题上相继失守。按照图施奈特教授的解读，这种分裂正体现了伦奎斯特治下传统共和党人和现代共和党人之间的区别。因此，裂痕不仅存在于民主党和共和党之间，也存在于两种共和党人之间。虽然布什总统公开表示托马斯是他心中的法官标准，但正如托马斯本人就是一块"黑人白心"的"巧克力威化"，没有什么可以保证共和党所任命的法官就会成为斯卡利亚和托马斯的盟友。我们也不能忘记沃伦与布伦南——这两位沃伦法院的关键人物——恰恰都是由共和党总统带到最高法院的。因此，宪法的未来究竟是共和党人对新政以来的宪法建制补上临门一脚，还是由民主党人收复伦奎斯特法院治下的失地，这种预言就如同预测点球大战的结果一样不明智。

当我们开始讲述美国宪法的故事时，用宪法来打造一个自由与平等的社会也成为许多法律人心中的梦想。但这时的美国却处在一个宪法雄心消逝的年代；宪法不再是社会改革的催化剂，反而成为社会现状的保护网。因为现在的法院早已不是沃伦时代的"人民法院"，自由派学者也开始呼吁"把宪法从法院那里拿走"。面对这种宪法时刻，却伯从来没有陷入晦涩与空洞的理论建构。却伯教授书房的墙上挂着他当年的老板——斯图尔特大法官——送给他的礼物。这是沃伦大法官写给斯图尔特大法官的一个便条，当时联邦最高法院在斯图尔特负责撰写的法院意见中判决国会有权禁止私人活动中的种族歧视："我自豪地加入你写作的法院意见。如果它在一个世纪之前就得到传达，我们国家的历史将大为不同。"沃伦法院的时代或许一去不复返了，但法律人还是有义务运用社会曾经赋予你的东西来反馈社会大众。翻看却伯教授在最高法院的诉讼记录，他曾经代言过同性恋者、刑事被告、地方上的报纸、寻求堕胎的贫困妇女、美国政治中的小政党。却伯教授是在用自己的宪法实践告诉我们，宪法的未来或许无法预测，但这也不能阻止我们以自己的努力来实现心中的宪法理想：以宪法的理念和实践来追求自由平等和社会正义。

波斯纳反对波斯纳

——为什么从来没有学术的自由市场这回事？

一

　　法经济学的学员们站在法学院后面的台阶上，他们身着盛装，面带笑容，拥在一起，虽然照相的时刻尚未到来。他们正在等待照片中的荣誉主角，罗纳德·科斯，他随时都可能出现。来自中国的这72位学者并不介意等待。事实上，很多人都期待着这次面见法经济学之父的机会……突然间，科斯来了，就出现在法学院的后门口。72双手对他报以热烈的掌声。在合照过程中，学者们有序地各就各位，但接下来一切都不一样了。他们围在科斯身边，同他交谈，给他拍照，推着他的轮椅去参加当晚的宴会。

　　芝加哥大学法学院的网站这样开始了对2012年"法经济学"财产法与私法暑期训练营的报道。根据网站所提供的信息，这是设立于芝大法学院的"法经济学全球化项目"的第一期培训班。本期学员全部来自中国，包括大陆、香港特区、台湾地区的学者和研究人员，这是因为"中国迅速发展的经济，以及越来越多的学者有兴趣运用法经济学的工具去影响法律体制的变革"。即便只是从官方报道的三言两语，我这位虽不能至，心向往之的评论者，也完全可以感受到这次为期近两周的培训班是一次高水准、高强度、高规格的学术盛宴。

培训班的日程安排无处不体现着美国精英学术机构的组织技巧："主菜"是每天上下午由小波斯纳等中生代教授领衔开设的压缩课程，内容涵盖合同法的经济分析、财产法与资本市场、财产法与公共选择、法律救济的经济分析；午餐时分还会安排老波斯纳这样的重量级学者的讲座，从科斯、波斯纳、理查德·爱普斯坦到玛莎·纳斯鲍姆，这样的阵容即便是在芝大，也称得上是一时无二；论文工作坊让一部分学员有机会报告自己的学术论文。紧张的学术训练之余，组织方也没有忘记寓教于乐，从乒乓球、院长家里的招待，再到自行车远足以及组织观看棒球比赛，这也难怪按照报道里的说法，有些学员在项目结束时都有些乐而忘返了。

我们的学者不远万里，奔赴法经济学的圣地芝加哥，亲身参与这一真正机不可失的学术活动，一个主要目的当然是要在法经济学的殿堂内求取法律分析的"真经"。一位来自国内著名法学院的博士生就在课后这样说，中美两国在法经济学上的概念非常不同，但"美国的工具可以让中国的经济法变得更有理性"。一位来自台湾地区的学员的说法更具启示性："有时候，意识形态会主宰着我们的行为。我认为法经济学提供了一种平衡的力量。"

芝大法学院的院长希尔在欢迎辞中告诉远道而来的学员："法经济学是帮助我们思考法律的最强有力的工具"，而芝大法学院则拥有"美国最强大的经验法经济学的研究团队"，"正如在美国，法经济学在中国也同样有助于阐释法律的原则"。但微妙的是，希尔并不认为法经济学的训练是一种"理论输出"：培训班的目的不是要在中国传播法经济学，而是要训练学员们去掌握一种他们在学术研究中能够为我所用的工具。院长先生站得高当然也看得远："我现在所希望的是，20 年后，你们再去回望今天以及接下来的两周，都能将之视为人生的重要时刻。"学术活动有其成本，院长在这时比任何人都讲成本收益，希尔院长希望学员们可以把他们在芝大所学的带回到中国，然后在顶尖大学内将这些工具传授给自己的学生。根据网站的报道，科斯也表达了他对中国的"高度期许"，希望中国可以复制它在全球产品市场内的成功，成为"理念市场"内的领头羊，"在中国所需的是去发展一种理念的市场（marketplace of ideas）。"[1]

就是在这种宾主、师生双方其乐融融的气氛中，波斯纳来了（作为一位非法经济学方向的法学研究者，我愿意相信中国学员更期待的是波斯纳，而不是科斯）。照例，波斯纳以其无可撼动的学术地位说了一些不合时宜的话。波斯纳向在座的中国学员提出了一个问题，"在中国是否存在能够容纳对法律进行经济分析的制度结构和法律文化"。在问题提出后，波斯纳不无姿态地承认他其实不懂中国，当然这也并未阻止他给出自己的个人判断：在中国的"民主制度尚未健全"和"法治的观念尚属薄弱"的政治文化内，司法部门应避免"实用主义的风格"，而选择去保持"抽象和形式主义"，既然经济分析是基于法律的实用考量，那么波斯纳的结论就是中国的法律实践未必存在着经济分析的空间。

波斯纳的结论究竟是起因于他那"不会让任何人舒服"[2] 的修辞风格，还是根源于他真心实意的一种判断，抑或两者兼而有之，我们不必追究这个问题，也很难追问，事实上，波斯纳的这个"棒喝"显然已照顾到中国学员的情绪，多少显得绵软无力，最多是一个小插曲。他的冷水不会熄灭中国学员求取"真经"的热情。但我倒是愿意接着波斯纳所开的这个话头说下去。无论中国是否存在着法律经济分析的空间，我们都应当就着波斯纳的势去追问这次学术的实践：中国最优秀的法学者不远万里去参加芝大的训练营，而且有理由相信，从该训练营走出的学者确实有机会如希尔院长所期望的那样形成一个法经济学在中国的共同体，如此看来，这段为期两周的培训不是没有可能最终成就一个在法经济学全球化过程中的中国学派。

但我的问题是，为什么是法经济学呢？为什么是芝加哥呢？为什么是财产法与私法呢？这样提问多少很唐突，如果有读者认为这种提问方式是在干预学术自由或进行思想审查，我只能说我既没有这个能力，也"不在其位不谋其政"。这样提问实际上是在拷问我自己的思考，因为一段时间以来，我就在琢磨着三个非常私人化的困惑：第一，为什么法经济学会成为学术主流，如日中天，而批判法学却沦为"鸡肋"，在角落内延口残喘？第二，为什么提到法经济学，人们首先并且主要想到的是波斯纳所代表的芝加哥，却忘记了卡拉布雷西所代表的纽黑文学派呢？第三，为什么芝大的经济分析"殖民"了几乎所有的法领域，一路以来高歌猛进，摧枯拉朽，但至少就我阅读所及，宪法作为一个领域却可以承受法经济学的攻击而保持独立呢？对于以上三个问题，我完全没有答案，也不可能在这篇评论内尝试一一解答，因此下文所做的只能说是以波斯纳为引子，为这三个私人化的问题完成一种脚注式的阅读笔记：通过法经济学在美国的兴起去讲述一个道理，正如没有完美的产品市场，也不会有学术的自由市场，学术自由并不等于学术的自由市场。

二

1986 年，"耶鲁莎翁"欧文·费斯应邀在康奈尔法学院举办讲座。费斯以《法律的死亡？》为题，在讲座中点名批评了兴起于 70 年代的左翼批判法学和右翼法经济学，认为前者主张"法律即政治"，后者主张"法律即效率"，它们看似左右互搏，但实则"联手"颠覆了曾在 60 年代鼓励法律人追求社会进步的法律理念，即法律是公共德性，司法裁决就是解释法律公共德性的过程。费斯的结论认为这两种法学理论指向了一种"没有理想的法律"，它们的胜利就是"我们在历史中所知道的，我们所敬仰的那种法律的死亡"。[3]

三年后，费斯又在《康奈尔法律评论》上刊发论文《法律失而复得》。这时的费斯修正了此前的悲观论调。那种作为公共德性的法律之所以可以"失而复得"，一方面是因为法经济学运动看起来已经走到了"盛极而衰的拐点"，"魔咒看起来已经破碎"；另一方面是批判法学变得更为多元化，"我对批判法学的解读有些不同。该运动还有上升空间，继续在学界保持其统治力"。尤其是弗兰克·迈克尔曼将公民共和主义注入批判法学对政治的理解，批判法学所理解的政治不再是一种"卑鄙形式的政治，即作为市场行为，作为利益和偏好之表达的政治"，而是一种"更高贵也更有理性的政治"，这种政治所表达的是公共的价值、原则与权利，而不只是私人偏好。正因此，新批判法学就"不那么有摧毁性"，法律因此"失而复得"。[4]

但是历史显然否定了费斯的预测。法经济学非但没有盛极而衰，反而一路高歌猛进，芝加哥风格的经济分析在法学界早已登堂入室，成为一种无往而不利的"工具"。相反却是费斯表现出更多同情的批判法学很快在主流学界销声匿迹，成为明日黄花，在很多人看来，不过是一小撮人在暗室内密谋出来的，颠覆自由主义法治的异端邪说。回头看来，批判法学似乎是"时无英雄，使竖子成名"；反而是法经济学显得"沧海横流，方显英雄本色"。我们在今天难道可以想象一场同样严肃、虔诚而且高品质的批判法学训练营吗?!

但事实上，那时唱衰法经济学就如同前几年预言中国的危机，从来都是学界乐此不疲的话题。不单费斯，哈佛法学院莫顿·霍维茨早在1980年就宣称"法律的经济分析已经'开始走下坡路'"，"未来的法制史研究者必须开动其想象力才能搞清楚为何这么多人会认真对待这些玩意"。[5] 就在费斯讲座的前一个月，纽黑文法经济学的一位代表人物布鲁斯·阿克曼，也在杜克法学院区分了法经济学的两个变种，其一是芝加哥的帝国主义的法经济学，其二是耶鲁的"不那么帝国主义的"法经济学，认为后者才是正道。[6] 但问题是，预测法经济学衰落的学派自己反倒先衰了，只留下芝加哥的法经济学一路以来不断开疆拓土，成功殖民了一个又一个传统的法领域，实现了其帝国梦。[7]

法经济学作为美国法学在过去半个世纪内最成功的智识运动，实现了由"造反者"向"霸权者"的身份革命，这一过程究竟是如何发生的。在2008年出版的《保守法律运动的兴起：为争夺法律控制权而斗争》这本书内，现任教于约翰斯·霍普金斯大学的斯蒂文·特里斯教授对此过程进行了一种学术政治史的记述。[8] 对于法学院内的读者来说，此书的独特之处在于它的视角转换，既不是法教义学（法律应当如何解释），也不是法律社会科学（法律应当如何变革），而是讨论法制为何会这样变革以及变革背后的"支持结构"

（support structure）。该书专论法经济学的两章为中国语境内的读者揭开了法经济学的面纱：法经济学从一开始就并非一种单纯的知识追求，而是内嵌在美国保守主义政治运动内的一场智识运动。法律的经济分析并不是一种自然的、普遍的工具，它的起源与兴起是为了挽救放任自由经济免于新政积极国家的干预。从一开始，它就服务于这一政治目的，就是要去瓦解罗斯福新政后结成的稳定政治联盟。

当然，揭示法经济学的政治根源并不是要去否定其在智识上的贡献。必须承认，任何一种知识都不可能出现在真空之中，这是该书开宗明义所提出的命题："理念并不发展于真空中。理念需要有网络（network），经由此理念才能得到分享和培育，需要有组织（organization），才能将理念与问题关联起来，才能将理念在政治行动者那里传播，需要有资助人（patron），才能为这些支持条件提供资源。"而特里斯所记录下的就是法经济学的网络、组织和资助史。

在特里斯的叙述中，法经济学的故事并不是开始于波斯纳，而是要从1933年由芝大政治系转至法学院的亨利·西蒙斯（Henry Simmons）讲起。西蒙斯在当时的法学院是一个异类，他代表着"老芝加哥"弗兰克·奈特的经济学传统，在他看来，罗斯福新政不仅扼杀了自由市场和自由企业，还将颠覆自由社会的秩序。西蒙斯帮助哈耶克在美国出版了著名的《通向奴役之路》。但西蒙斯对法经济学的最大贡献是他将阿伦·迪雷克托（Aaron Director）请回芝加哥。

这其中亦有哈耶克的功劳，因为西蒙斯是在哈耶克的引荐下申请到沃尔克基金会（Volker Fund）的捐赠，这才让迪雷克托有机会重返芝加哥。西蒙斯在回忆录内提到他的申请报告："在美国至少还能有一所大学，（放任自由的）政治知识传统还能得到充分的代表——不仅由一位教授去代表，还要有一个社会知识的团队。"西蒙斯在写给哈耶克的信内提到，这个项目的"暗藏目标……就是要让迪雷克托重回芝加哥"。而迪雷克托后来也曾回忆道："哈耶克……会见了一位叫卢诺的人，他当时负责沃尔克基金的一大笔钱，他说服卢诺捐资设立一家旨在促进自由企业的中心。"[9]

有关迪雷克托对法经济学的贡献，最好是引用科斯的一句话："当我来到芝大时，我认为自己的角色就是门徒保罗，誓要追随迪雷克托这位耶稣。"[10] 迪雷克托在芝大法学院的授课现已经成为一种传说：他当时和艾德华·列维合开反垄断法，据说，列维每周上四天课，而迪雷克托就用第五天告诉学生，"列维此前四天所讲的一切都毫无意义。他接下来会用经济分析向我们证明，法律分析是站不住脚的。"前段时间刚过世的前联邦上诉法官、保守派宪法学家罗伯特·博克曾经这样回忆过这门课："我们中有些人修读了反垄断法或经济学的课程，所经受的可以说是一种宗教性的皈依，它改变了我们对整个世界的看法。"亨利·曼尼也曾提到当时发生的"一件怪事"，在法学院每天下午例行的茶会上，学生和教员大部分都在一起讨论迪雷克托和经济学。[11]

不仅如此，迪雷克托还在 1958 年创办了《法经济学杂志》（Journal of Law and Economics），此后不久设立了一个反垄断法的研究项目。科斯后来回忆道："法律的经济分析不再只是一种理念，而成为一种现实。有了《法经济学杂志》，有了沃尔克基金资助的法经济学研究项目。再进一步，这是非常重要的，有了积极投身这一项目的法学教授，首先是肯·丹姆和埃德蒙·基奇，然后波斯纳也加入进来。"波斯纳 1968 年在斯坦福见到了迪雷克托，在他的回忆中，迪雷克托是"一位苏格拉底式的人物，他很少写作……但谈话却有一种穿透力"。[12]

在法经济学的学术史中，波斯纳是一个不好处理的环节，因为他一个人改变了法经济学的整个领域。正如莱西格所言，波斯纳"既是法经济学运动的詹姆斯·麦迪逊，又是亨利·福特"。[13] 斯坦福法学院的波林斯基教授甚至写过一篇副标题为"波斯纳《法律的经济分析》的购买者须知"的书评。[14] 特里斯讨论波斯纳的那一节名为"波斯纳的外部性和法经济学的起飞"，他称波斯纳为法经济学运动的"正外部性"（positive externality），"引领法经济学从边缘走向主流"，[15] "如果说迪雷克托和科斯的工作有助于确立法经济学成为一个可观的领域，那么正是波斯纳的出现才将法经济学变成一种顶级的学术现象"。[16] 特里斯归纳了波斯纳四个方面的贡献：①《法律的经济分析》表明，法经济学可以揭示出全部法律领域内传统方法的主要缺陷，这引领众多学者跟随波斯纳的脚步；②波斯纳通过与现有学者的各种辩论，推动法经济学进入了主流领域；③波斯纳在多个领域内都有大量发表，因此即便是不同情法经济学的学者，只是要和波斯纳辩论或者是要理解波斯纳，也要进入这个领域；④波斯纳参与组建了"法律经济（Lexecon）"咨询公司，创造了对有法经济学训练的人员的需求。特里斯认为，波斯纳的成就一方面扩大了对法经济学的需求，另一方面又移除了它的供给限制。

在波斯纳开创出法经济学的新格局后，如要最大限度地利用波斯纳在法学传统知识体系内打开的空间，尚且需要一位智识企业家（intellectual entrepreneur）型的人物，这个人就是亨利·曼尼（Henry Manne）。曼尼出身于比较草根的法学院，最初任教于圣路易斯大学，凭借着 60 年代任教乔治·华盛顿大学期间在公司法领域内的学术发表，曼尼获得了罗切斯特大学政治系的讲席教授职位，当时该系的主事人是威廉·莱克（William Riker）。[17] 与此同时，曼尼受罗切斯特校方委托计划组建一所新的法学院。曼尼在 1968 年提交给大学校长的一份报告内指出："在现代律师的训练中，经济学的相关性和重要性超过了任何其他的社会学科"；同时"法学院极少获得来自工业界的直接支持。芝大法学院已经成功地从公司那里得到捐赠，耶鲁也是……但这两所法学院只是例外……今天每一家公司内部都有大量的法务工作……因此一家法学院在设计时特别考虑到这些需求，就可能得到其他法学院不可获得的回应"。

在曼尼与自由基金会（Liberty Fund）的创设人皮尔·古德里奇的通信中，曼尼告诉他的金主，他没有兴趣去建立"另一所法学院"，也没有兴趣去强化主流法学院内的"国家主义"，"教育世界在放任自由主义者看来已是一团乱局，可以说早就该启动一场净化了，但是只有一种优雅保守哲学的大潮才能净化世界"，"希望我们的每一位学生都会受教于为了自由社会之自由人的法律意义。如果我们成功实现该目标，我们就会是全美唯一的面对自由社会法律问题的法学院。"当然曼尼也不忘提及，"我们面对着无法逾越的筹款问题"，而"我最骄傲的事情，莫过于将我们的法学院命名为'皮尔·古德里奇自由法学院'"。[18] 最后由于资金缺口和当地律师界的反对，曼尼未能创立他的"新法学院"。

如果说新法学院是要将法经济学"零售"给学生，那么曼尼后来成功地探索出一种"批发"模式，他在罗切斯特大学创设了"法学教授经济学学院（Economics Institute for Law Professors）"，这是一种为期 3 周半（后来压缩到 2 周）的研讨班，主要为法学院的教授提供微观经济学的培训。曼尼后来回忆道："早期的课程并未将经济学与法律直接关联起来：那完全交给了法学教授们，他们每一个人都武装着波斯纳的《法律的经济分析》"；"我总共培训了超过 650 位法学院教授，而且我敢说我和其中很多人都成了朋友"。为了让训练营产出更大的影响力，曼尼"不会在一期内仅从一所法学院录取一位教授。他们至少应两人结伴前来，人数越多，我越高兴，因为我知道，他们回去后会被嘲笑，这就是我在乔治·华盛顿大学的遭遇……如果有两个乃至更多的人，他们回去后会相互支持。在第一期项目内，我们有六位学员来自弗吉尼亚大学，四位来自耶鲁，两位来自哈佛，印第安纳大学有三或四位。"[19]

训练营的兴旺发展也见证了曼尼在筹款上的成功："那时，全世界都知道芝大经济学是唯一可能挽救公司摆脱反垄断困境的方法……我说经由此可以将这些理念传授给法学教授，他们会培养出律师和政府官员。好的，在我写信的 11 家公司内，数周内分别给了我 1 万美元，最后的 1 万美元在几周后到来，来自美国钢铁公司……我把多余的 1 万送给学校。"由此可见，曼尼成功地实现了对教育者的教育，在这个批发模式的训练营中，曼尼成为法经济学的网络组织者，在传播理念的过程中创建了一个学术共同体，正因此特里斯将"罗切斯特时期的曼尼"称为"一位智识企业家的诞生"。

曼尼在罗切斯特的最后一年等到了来自耶鲁法学院的工作邀请，但是他最终却转会至迈阿密大学的法学院，因为一个落后的法学院可以给曼尼以更大的空间，一张白纸上好画最美的图画。曼尼在迈阿密创建的"法经济学中心"，已经不仅局限于为法学教授提供经济学训练的项目。中心下设的约翰·奥林项目招录近期毕业的经济学博士，全额资助他们攻读法学学位，这是要培养供法学院雇佣的经济学家。奥林项目的资助者曾这样回忆起迈阿密法经济学中心的环境："那是绝妙的地方。人来人往，开设短期课程或长期课程，举办论文研讨会和讨论会，激动人心……布坎南来了，科斯来了……卡拉布雷西来了……你走在过道里会遇见加里·贝克、阿曼·阿尔钦、哈罗德·德姆塞斯……你想同他们交流？那就走向前去，告诉他们。"[20] 后来，当曼尼创建乔治·梅森大学法学院时，奥林项目的学员成为他最初招聘的教员。

在迈阿密，曼尼得到自由基金会的资助，从1975年至1985年连续举行学术研讨会，通过研讨会建立起一个全美范围内的法经济学研究网络。学术讨论会让从事法经济学教研的学者有了面对面交流的机会。现任教于耶鲁的乔治·普利斯特当时尚栖身在一家名不见经传的菩及海湾大学，他曾回忆道，没有这些会议，学术边缘地区的年轻人根本没有机会接触到资深学者。

也是在迈阿密，曼尼不仅继续他的法学教授训练营，还启动了"联邦法官经济学学院（Economic Institute for Federal Judges）"。法官项目不收取任何费用，但却提供奢华的招待（第一期训练营安排在佛罗里达度假胜地拉哥岛的海礁俱乐部，其后也都安排在类似地方），当然还有第一流的师资，包括米尔顿·弗里德曼、保罗·萨缪尔森、阿曼·阿尔钦、哈罗德·德姆塞斯。萨缪尔森的到来最为重要，他让这个研讨班避免了意识形态化的政治指控。在为期两周半的时间内，联邦法官要完成高度压缩的经济学课程，不仅有正式授课的单元，曼尼还鼓励教员在课后与法官互动，进行理论讨论。在法官训练营的最高峰，仅在 1990 年一年，联邦法官经济学学院就接待了 40% 的联邦法官，包括最高法院的金斯伯格和托马斯以及上诉法院的 67 位法官。[21]

曼尼在迈阿密的中心需要巨额资助，其数额远非迈阿密大学所能提供。曼尼在这里同样展示出他的筹款能力，更重要的是，曼尼既娴熟地利用了右翼法经济学的立场，同时又没有沦为资方的傀儡。相比之下，耶鲁法学院的纽黑文学派，正如普利斯特所言，既没有组织，也谈不上制度性的存在："每一个认识圭多的人都知道他是一个坚定的自由派，如果谈不上激进的话。所以他们筹到了一些钱，但不是很多。"[22]

1980 年，曼尼转任埃默里大学法学院，同时也将他的法经济学中心带到埃默里。在埃默里的数年间，曼尼的梦想是要建立起约翰·奥林法经济学中心，它将成为保守知识分子在东海岸的圣地，"如同西海岸的胡佛研究所"。曼尼甚至已经为他的法经济学基地找到了绝佳的安身之处，这就是距离埃默里校区 29 英里的席梦思公司的办公大楼。校方最初支持曼尼的收购方案：如果曼尼能筹到 300 万，学校就再配套100 万，买下这一办公场所。1982 年 5 月，曼尼在写给约翰·奥林的信中阐释了他的东海岸胡佛所的梦想：

我所谈的是自由市场与保守主义意识形态在美国大学内的整个事业。在本国内确实仅有一个学术场所，这就是斯坦福大学的胡佛研究所，有能力去接待大量的受人敬重的、有影响力的保守派学者。胡佛研究所虽然成功，但因为它位于西海岸，所以总是欠缺一定的影响力，而且因为它是独此一家的机构，许多知识分子并没有认真对待它。我们所要购下作为约翰·奥林法经济学中心的那栋建筑，将成为保守知识思想在东海岸的大本营，如同西海岸的胡佛研究所。

曼尼最终未能实现他的梦想，首先是埃默里校方收回了对这次收购的支持，因为席梦思公司的办公楼距离校区太远，这也激化了曼尼与校方的矛盾；其次是奥林基金会也在改变独家赞助曼尼中心的策略，转向在精英法学院普遍设立法经济学的项目中心。曼尼后来尝试着组建一所独立于大学的研究中心，虽然他得到了芝大商学院院长理查德·罗赛特的支持，但东海岸胡佛的计划最终未能成功。再后来，曼尼创建了作为保守派阵地的乔治·梅森大学法学院。

正是因为曼尼在学术网络经营上对法经济学的贡献，美国法经济学学会年会在1991年授予他法经济学"学科之父"的称号，与科斯、卡拉布雷西和波斯纳位列一起。特里斯认为，如果曼尼在60年代末加入一所精英法学院，投入纯学术的工作，法经济学的基础设施或许就无从建立起来。

特里斯在书的第六章分析了法经济学"制度化"的过程，其中最主要的发展就是由以约翰·奥林基金会为代表的保守派金主在美国法学院内普设法经济学项目，首先是在芝加哥和耶鲁，接着是在哈佛法学院展开了与批判法学的斗争，然后在全美精英法学院内普遍开花，1986年在宾州大学，1987年在斯坦福、伯克利和弗吉尼亚大学，1989年在哥伦比亚、杜克、乔治城和多伦多大学，1992年在康奈尔，2000年在密歇根大学，先后成立了约翰·奥林法经济学项目。从1985年1月到1989年1月，保守派的基金会向法经济学研究的捐资助学高达445万美元。

如果我们回到欧文·费斯最初设定的讨论场域，也就是在法经济学和批判法学之间，那么可以发现，批判法学和法经济学在学术政治组织的方面有着一个非常有趣的区别，而这个区别在一定程度上证明了为法经济学"祛魅"的必要性，而我们在此追溯并解释法经济学的意识形态起源，也并不是一次基于学术立场的党同伐异。

批判法学阵营内的学者很少避讳批判法学的政治起源、组织乃至动机，这或许是因为批判法学的核心观点就是法律即政治，一切即政治，因此批判法学的可爱之处就在于它不仅拿起理论的大棒去攻击对手，同时也用批判的武器去解剖自己。也许正是在这种"政治化"的学术自觉心态下，批判法学的学者反而会更警惕组织化、依附性和体制化的知识生产机制，担心着他们会"一不小心"失去了学术生产的自治。

在图什内特教授那篇引证率颇高的论文《批判法学：政治史之一种》中，我们就能读到他不厌其烦地讲到，批判法学是如何"组织"起来的，如何从一开始就有意识地把散落在全国各地的学者组织在一起。"1976年初，大卫·楚贝克（David Trubek）刚从坎布里奇访问归来，就告诉我他已经和邓肯·肯尼迪有过交谈。他们均认为现在有些学者所从事的法学研究有着某些共同的主题，应该很有必要将这些人聚起来，看看这一感觉是否准确"；[23] "我当时正担任威斯康星大学法学院的副院长，手头上还有些能量，因此正适合承担起举行一次学术会议的大部分组织工作"。[24] 而且，图什内特在文中也没有避讳耶鲁法学院在七十年代初连续解聘包括楚贝克在内的六位教授的事件，"官方的讲法是耶鲁决定提高终身教职授予的标准，但真实的故事有所不同"，[25] 在图什内特看来，这一事变不过是私人性质的报复以及学者之间的代际冲突，也别忘记，图什内特的文章就是刊载在《耶鲁法学杂志》上的。当然，这未必是因为批判法学的学者更诚实，图什内特说得好，"因为如果法律即政治，一个人就大致会相信，法学知识的立场也是政治的。"[26]

而在法经济学的阵营内，至少我的阅读所及，自家学者对法经济学的发家史往往讳莫如深，似乎法经济学的运动本身就最好地阐释了其学术的核心观点，在一种自生自发、自由竞争的"理念市场"中，法经济学凭借着其"说服力"先战胜了批判法学，然后又在内部清理门户，芝加哥学派战胜了纽黑文学派，而支配这一切的只能是一种"看不见的手"。在这种主流叙述中，这场智识运动的政治根源、组织和支持就被深深地隐藏起来，也正因此，法经济学提供的是一种"放之四海而皆准"的工具，它让我们的思维更"理性"，提供了一种对抗"意识形态"的平衡力量。

公允地说，我们不能因此认为法经济学者不诚实，他们有意识地隐藏了自己的政治选择和立场，或者说他们用专业化的数学模型欺骗了追随者。法经济学的实体立场实际上自我证成了法经济学运动对其意识形态的隐藏，而批判法学的实体立场却注定了其阵营的自我揭批，前者反复鼓吹的是"脑袋"，后者却从不避讳把"屁股"展示出来。1974 年，就在波斯纳的《法律的经济分析》出版的第二年，耶鲁法学院的阿瑟·勒夫教授就发表了一篇火力猛烈的长篇书评《法律的经济分析：唯名论的现实主义》，[27] 而在勒夫教授于1981 年英年早逝后，阿克曼将《重构美国法》这本书献给了勒夫，献词为"他知道形式即实质"，但我们在不少时候却未能想清楚这个问题。[28]

事实上，法经济学——尤其是以波斯纳为招牌的法经济学——的论述从来都是"旗帜鲜明"的，例如，理性的法律应当去追求"财富的最大化"。[29] 换言之，法经济学从来都是有立场的，而且特里斯教授的叙述已然表明，向来都是立场鲜明斗志强的。更何况，法经济学内部并不是没有反思，波斯纳已意识到经济学的"边界",[30] 他在这次培训班的报告中也告诫学员，法经济学应避免现代经济学"过度抽象化和过度数学化的问题"，不能像经济学那样无视无法被量化的问题，同时不能"玩弄"数学模型而因此失去第一手的经验，我认为以上两种误区都是用学科的逻辑取代了学科研究对象的逻辑，是包括宪法学研究在内的法学研究所要自觉避免落入的误区。但我们应当追问的是，为什么不知从何时起，"财富最大化"就不再是一种"政治立场"，而摇身变为一种"前政治"的自然动机。这种"去政治化的政治"实际上是最厉害的招数，如下文所示，它实际上完成了一种对新政自由主义之正当性的"举证责任倒置"。

三

在美国政治发展的研究中，政治学家斯蒂芬·斯科罗内科曾提出一个非常有影响力的概念：19 世纪的美国是一个"政党与法院的国家"。[31] 就此而论，20 世纪罗斯福新政所带来的结构性变革就是积极国家的出现及其正当化。关于积极国家的知识基础，阿克曼在《重构美国法》开篇曾指出：

> 当我说我们生活在一个积极主义的国家内时，我是想要凸显出我们所特有的一种自觉意识：在我们的意识

中，我们的社会结构本身取决于由政治上负责的国家官员所作出的一系列自觉决策。如此设想的话，我们的积极主义意识存在着多种根源。最确定的就是这种普遍认知，我们社会的持续存在要依存其政治领导的军事心智。第二种根源就是一种不那么普遍的信念，即国家的经济福利取决于在首都华盛顿所做的导向性的决策——无论是在宏观经济的层面，还是通过对经济生活特定部门的规制。最终还有一种普遍的认知，财富和地位的分配是政治辩论和决定的一项核心议题。[32]

根据阿克曼的论述，积极国家的本质并不是国家干预或社会福利多一点还是少一点，而表现为一种认识论上的转型和法律分析基线的转变：放任自由的私人财产和市场秩序不再被认为是一种自生自发的前政治秩序，它同样是一种由政治选择所塑造的社会秩序；反过来，政治国家也不再因此被认定为一种对自然状态的"干预"或"侵入"。这并不是说一般意义上的政治国家和具体所指的新政后积极国家不需要正当性的证成，而是指任何一种社会秩序都根源于政治领域内的选择：即便美国历史确实存在过一种放任自由的普通法秩序，[33] 这种治理模式也不可能是自生自发的，而是根源于普通法法官的"看得见的手"[34]。社会契约论的逻辑往往是非历史的。历史地看，私人领域从来都是由公共领域所塑造的，正如不可能存在"离群索居的个人"（unencumbered self），也不可能存在先于并且独立于公共决策的私人领域。

也是在讨论法经济学的起源时，特里斯具体指出，随着新政国家前所未有地深入到社会各个角落，社会的"法制化"（legalization）要求法律知识的转型，这在新政秩序内主要表现为一种基于专家知识的治理。专家知识的话语虽然缓解了行政国家权力的正当性问题，但是并不能因此否认这一套知识背后隐藏着政治立场。换言之，看似中立的专家知识不仅包括目的-手段之间的关系理性，并不是在价值目标既定的前提下去寻找最优化的实现手段，而在价值目标的选择时就无法回避政治决策。因此特里斯认为，如果要去瓦解新政体制，首先要去做的就是要将现存的体制"去自然化"，也就是要揭示出在看起来中立的职业、科学和程序标准中所隐藏的规范性预设。芝加哥的法经济学一开始就是要进行这一工作，瓦解新政国家的知识基础。

这是一种智识上的挖墙脚工作，就其实质而言，是要让新政自由主义者承担起对政治现状的正当性证成。如果法经济学可以重新想象一种基于普通法治理的社会秩序，并且将之包装为"自然"的法制，那么"这一自然化的工作越是成功，那些要证成对此法制之偏离的学者，都越要处于自辩的那方，去解释这些作为'再分配'的偏离"。但我的问题是，为什么要说"再"呢？"再分配"这个词很大程度上暴露出我们所隐藏的无意识，生活在新政自由主义的法制秩序内，为什么要用"再"来修饰国家推动的，纠正市场失灵和社会不公的分配手段呢？为什么这是一种偏离，而不是纠偏呢？为什么这是一种复辟（restoration），而不是重新兑现（redemption）呢？由此可见，法经济学，无论是作为一种法律分析的方法，还是作为一种规范性的政治和道德理论，实际上都积极投身到这一场将普通法秩序"再自然化"的过程，可以说是在谈笑风生间的一场"看不见的革命"。"一旦以此种方式得以自然化，普通法的财产、侵权与合同规则就再一次成了'私人'市场的预设法律结构，而任何通过立法的重要变革看起来就是赘生的，累加的，'人为'的'干预'举动。"[35]

但法经济学在学术上的成功只是一场书斋内的革命，它无权去改变美国人民和精英通过历史上的政治斗争所形成的高级法规范。在讨论芝大法经济学时，阿克曼的表述可以说是直指问题的根本："在这样一种修辞策略可能成功之前，美国法必须要为一场政治革命所转变。"[36]法经济学归根到底只是一种"修辞策略"，它或许可以证明美国当下的积极主义法制形态不符合某种理论标准的偏好，但不可能因此就否定经由民主途径所推动的法制变革的正当性。众所周知，罗斯福和最高法院在1930年代的政治斗争催生了现代积极主义的国家，美国法的价值取向就是由新政作为一场政治革命所奠定的，法经济学如要反对这一积极主义的社会正义观，它必须通过介入政治领域来完成另一场政治革命。"如果法律人不喜欢原则P，那么他们可以试图说服人民去改变观念。与此同时，他们有一种民主义务，在法律论证中运用P，而不能运用他们在政治中所倾向的 not-P。"[37]

因此，进步主义的法律人应当如何回应芝大法经济学的挑战，一方面在法律分析上论证普通法是有效率的体制，另一方面在政治理论上证成财富最大化或最大多数人的最大福利的原则？有些学者，包括批判法学者在内，进行的是针锋相对的斗争，他们沿着法经济学的逻辑，论证普通法并没有提供一种"有效率"的权利义务配置。[38] 还有一些学者，也包括批判法学者在内，但主要是法制史学者，则希望证明法经济学对往昔普通法秩序只是一种想象而已，从来就不存在着一种田园牧歌式的前政治的社会秩序。[39] 但阿克曼的批判却走出了第三条道路，他实际上是指出，芝大法经济学所讴歌的普通法秩序是"不相关"的，因为新政作为一种政治革命所推翻的正是基于普通法治理的社会秩序。或许可以这么说，普通法之于新政后的美国人，就好比美国宪法之于中国的法律人，虽然看上去很美，但总是"不相关"的，理论上的证成并不能重新奠定普通法秩序在现实法制中的正当性。"如果我们有意去理解现存美国法所表达的价值，出发点并不是普通法，而是宪法以及统治着我们的积极立法——因为如果这些渊源表达的理念不同于普通法，每一个有资格的律师都知道，在我们这个民主体制内，宪法和制定法的价值高于法官制定的法律。"[40]

阿克曼的讨论围绕着 1905 年的洛克纳案和 1954 年的布

朗案,[41] 这两个案件在正统宪政叙述中位居正反两极的位置,"洛克纳对契约原则的坚持几乎摧毁了法律商谈的久远传统,反而是布朗对平等理念的坚守标志着晚近美国历史中最伟大的法制(legality)胜利"。[42]

新政从根本上否定了洛克纳所代表的放任自由主义,宣布的是"永远不再洛克纳",因此阿克曼指出:"如果说应用经济学家的出发点就是对帕累托最优合同不加批判的教条式主张,那么洛克纳案的命运就是在警示法律人,切勿赋予抽象的合同自由价值以重大的权重。如果说应用经济学企图认定出缔约方,其在一个完美市场的世界内愿意为有争议的法律权利支付最大的对价,那么洛克纳则在教育我们,将市场效率和社会正义等同起来是一种法律上的愚行。"[43] 反过来,布朗案作为新政宪政秩序内的"超级先例",所提供的是一种肯定性的价值指导。"只要布朗案仍名留史册,法律人就不能接受波斯纳的观点,他认为有关'效率'的判断比起有关'分配'的判断更少争议";"在我们的法律文化内,'效率'不可能去替代关于'分配'的判断,而只不过是讨论由法律体制所施加的成本和收益分配的一种方式,而且在理解我们现存的法律体制时,显然是一种不充分的方式。"[44]

因此,在阿克曼的阅读中,波斯纳的法经济学并没有认真对待美国法律人的历史传统,而是将法律论证转变为一种"猜谜游戏,在一个无冲突的科斯世界里当事方所可能达成的事先协议。"[45] 就此而言,罗尔斯的《正义论》更准确地把握住了罗斯福新政后的美国法的价值取向,而且给出了一种经典的理论证成。不仅如此,罗尔斯所运用的社会契约方法也在一定程度上解释了美国宪政的历史根基。但阿克曼同样认为,社会契约的隐喻不可能完全表达出美国的积极主义国家的法律基础:"我认为,谈判作为一种隐喻最终无法理解我们对积极主义正当性的集体追求,美国人并没有逃避到一个无知之幕后的乌有乡去定义积极主义的正义。"[46]

就此而言,我们不妨将芝大法经济学理解为同样为保守派所推动的原旨主义之一种。这样说或许有一些时代倒错,因为法经济学早在 20 世纪 70 年代就已经奠定其学术地位,成为法学院内无人可忽视的学术潮流,而原旨主义作为美国保守派的自觉理论追求,却只能追溯至 80 年代初里根政府司法部长梅森的推动以及联邦党人协会(Federalist Society)在精英法学院内的初创。但在 2008 年的哥伦比亚特区诉赫勒案之后,[47] 之所以"我们如今都是原旨主义者了",同样是因为保守派对原旨主义的成功"营销"。从一开始,原旨主义就背负着艰巨的政治任务——如何在司法战线上推翻罗斯福新政以及沃伦法院的政治遗产,而现在它已经成为美国宪法论证中最具正当性的解释模式。如果追问原旨主义的正当性从何而来,我想绝对不是原旨主义作为一种宪法理论本身的逻辑,还是杰玛·格林尼在《推销原旨主义》的文章中说得最好:"原旨主义不是因为其正确,才有说服力,而是因为它有说服力，才变得正确。"[48]

如果真正进入美国的宪法文化语境之内，旁观者不难发现，原旨主义和法经济学可以说是保守派在同一战线内有着异曲同工的两种理论武器。这样说并不是要否认它们对法学研究所做出的一般性贡献：作为一位批判者，我亦承认，原旨主义和法经济学是美国法学在过去四分之一个世纪内最具刺激性的理论增长点，无疑都是巨大的成功。但同样不可否认的是它们并不是中立的解释方法，只有回到保守派为了争夺法律控制权的斗争中，我们才能真正理解这两种理论思潮，由此提供了管窥美国法制的一个窗口。[49]

波斯纳本人并不是一位原旨主义者（就在波斯纳给中国学员的报告中，他还没有忘记攻击原旨主义的旗手斯卡利亚）。事实上，波斯纳每次到宪法理论的跨界，策略不外乎是揪其一点，而不顾其余，实际上的结果都是破坏有余，而建构不足。就好像他近期对阿基亚·阿玛的新书《美国的不成文宪法》的批判，大字报般的标题就是"自由派到底能有多少部宪法"。[50] 书评开篇，波斯纳就亮出其实用主义和反基础主义的立场：因为美国宪法文本是老旧的，所以是过时的，所以是没有约束力的；与此同时，美国宪法文本的简短以及修宪的困难，再加上人类理性认知的有限以及自1787年（费城制宪）和1868年（第十四修正案批准）以后美国社会的巨变，所有这些因素决定了美国宪政体制中必须要有"披着解释之外衣的司法修正案"。这套逻辑推演，在原旨主义者看来，真正是大逆不道的，基本上可归于完全不负责任的批判宪法学了。

但问题在于，在提出"自由派到底有多少部宪法"时，波斯纳是虚伪的，至少是自相矛盾的。因为保守派和自由派对此同样无可免责，即便是祭起原旨主义者的大旗，这也只是一种"修辞策略"，我从未见过当代还有保守派，为了对《宪法》文本的忠诚而甘愿放下自己的政治纲领。就此而言，保守派的原旨主义者也同样面对着"到底能有多少部宪法"的问题。芝大法学院荣休教授理查德·爱普斯坦也给此期中国学员做了一次讲座，主题是讨论为什么政府要保护私有经济。这是他一贯的立场，他在 1985 年的经典《征收》就开启了为洛克纳判决的翻案风，引领了重新书写洛克纳案史的学术潮流。[51] 而爱普斯坦前几年的一本小书题名《进步主义者是如何篡改宪法的?》，曾引起阿玛这位文本主义者的激烈回应：从 1913 年的第十六修正案（累进制所得税）和十七修正案（参议员直选），到 1919 年的禁酒修正案和 1920 年的性别平权修正案，倒是爱普斯坦教授应当去看看美国人民在进步主义时代是如何"rewrite"美国宪法的。[52]

行文至此，我们已经逼近了问题的实质：美国是一个经由革命、制宪而建国的共同体，这种民族创建的三部曲道路也决定了美国政治生活的一个特有形态，就是革命者、制宪者和建国者是三位一体的，再加上美国幸运地保持了其宪政秩序的连续性，这就决定了原旨主义作为一种解释方法，在美国的政治文化内具有一种天然的政治正确性，也因此，形形色色的法制改革方案，往往都落脚到对历史阐释权的斗争。也正是在这里，我们可以发现法经济学与保守主义是如何暗通款曲的。保守派的原旨主义所关心的，往往不是白纸黑字的宪法文本和真实的制宪者意图，他们是要重新建构起可供民众想象的"纪念碑"，以此去复辟一个从未真正存在的"过去"；而对法经济学来说，他们树起财富最大化、效用主义或者效率的规范尺度，为的也是去重建剪切并且拼贴一种过去不曾存在也不应存在的放任自由的普通法社会秩序，以此映射新政后美国法制史的"歧途"、"脱轨"、"偏离"、"迷失"和"衰朽"，进步主义的法律人或许可以说，他们所意图的不过是否定 1787 年以来美国人民经由历次政治斗争所谋取的民主进步和社会公义，尤其是在 20 世纪罗斯福新政、伟大社会建设以及民权革命所奠定的积极国家和公民权体制。[53]

四

"上帝不存在，但奈特是先知"，这是 20 世纪三四十年代在芝大校园内广为流传的说法。弗兰克·奈特任教芝大数十载，门下弟子有萨缪尔森、弗里德曼、斯蒂格勒、布坎南和加里·贝克，由于芝大法经济学传统主要得益于经济学跨界提供的工具（耶鲁法经济学则更多地源自新政前后的法现实主义传统），奈特在这一传统中的地位无可置疑。但就是奈特教授，在其经典论著《竞争的伦理》中指出："最大的谬误莫过于把自由和自由竞争混为一谈。"[54] 我们在今天回看 20 世纪的美国宪法史，不能不感叹奈特果真是"先知"。

回首 20 世纪的美国宪法史，首先走下宪法神坛的是商品（和服务）的自由市场，时间是在罗斯福新政期间。在 1905 年的洛克纳诉纽约州案中，美国最高法院可以说，政府立法限制正常成年人支配自己劳动的权利就是"多管闲事"，而到了 1937 年的西滨旅社案内，最高法院就写道，"州立法机关有权采取措施以减少'血汗体制'的罪恶，这一体制对工人的剥削，使得她们的工资低得不足以支付起码的生活成本，因此工人的无助却被用来推动最恶性的竞争。"在此之后，言论的自由市场，至少作为一种隐喻，也已失去了它的宪法地位，尤其是美国的竞选资金已经最大限度地凸显出民主过程中的不平等。正因此，欧文·费斯会讲"言论自由的反讽"，[55] 斯坦福法学院前院长苏丽文将"自由的言论和不自由的市场"称为"现代宪法的不对称"，[56] 而凯斯·桑斯坦更是倡议"对言论实现新政"（A New Deal for Speech），[57] 因此，言论自由是好东西，但言论自由并不等于言论的自由市场。

回到这一历史脉络内，我们在此是要通过法经济学的学术史去阐发一个最简单不过的道理："学术的自由市场"既不可能，也不可欲，我们在追求学术自由的道路上不能陷入另一种"自由市场"论。而法经济学的"营销"过程也可表明，金钱不仅会主导着言论表达的领域，同样是学术市场内的指挥棒。学术发展到现在，很少是一种象牙塔内青灯黄卷的个体冥思，成功的学术本身有其政治。或者说得俗一点，在学术领域内，没有钱是万万不能的。当然，还需谨记的是"金钱不是万能的"，或者借用哲学家桑德尔新书的书名，学术是"*What Money Can't Buy*"。最后还要再次说明，前文对法经济学的"去自然化"，如果成功的话，并不意味着法经济学就不应去学或者无法去学，它最多表明法经济学只是"工欲善其事，必先利其器"意义上的"器"，我们不能把这种实用主义者的新工具变成一种新的学术拜物教或理论的意识形态。

或许这个道理原本就不需长篇大论，这次暑期训练营有三个片段足以说明这个基本的道理。第一，应《北大法律评论》编辑部朋友之邀，我所评议的波斯纳报告，就其内容而言不过是在一番暧昧不明的告诫后的法经济学 ABC（就连我这位外行也一路读来无障碍），唯一应当认真对待这报告的理由似乎就是它出自波斯纳，但问题是，波斯纳就是有这个资格。第二，老波斯纳来做讲座，小波斯纳是任课教师，学二代，或者包括任何二代，从来就并非中国独此一家的故事。更何况，儿子从老子那里继承的不仅是财产、人脉和教育，还有不可否认的智商，如何在平等的起点上去自由竞争呢?[58] 第三，根据芝大法学院的网站报道，来自中国的学员非常勤奋，他们甚至在一天课后专门开了一个"小会"，讨论如何在中国推进法经济学的教学和研究，报道指出主持这次讨论的是学员中的学术期刊编辑，我把网站上提到的 prominent academic journal 译为"权威核心期刊"。

注释

1. 正文对法经济学训练营的"重现"主要根据芝大法学院网站上的报道，引号内的内容均为对报道的直接翻译。第一则"The World Comes to Chicago to Study Law and Economics"，at http：//www. law. uchicago. edu/alumni/magazine/summerschool2012，最后访问日期 2013 年 1 月 18 日；第二则"Chinese Scholars Come to Chicago to Study Law and Economics"，at http：//www. law. uchicago. edu/news/chinese-scholars-come-chicago-study-law-and-economics，最后访问日期 2013 年 1 月 18 日。

2. 语出自莱西格教授，转引自苏力："《波斯纳文丛》总译序"，载理查德·A. 波斯纳：《法理学问题》，苏力译，中国政法大学出版社 2002 年版，第 xv 页。

3. Owen Fiss, "The Death of the Law?", *Cornell Law Review*, Vol. 72, Issue 2, 1986, p. 16.

4. Owen Fiss, "The Law Regained", *Cornell Law Review*, Vol. 74, Issue 2, 1988, pp. 245-255.

5. Morton Horwitz, "Law and Economics：Science or Politics?", *Hofstra Law Rebiew*, Vol. 8, 1980, p. 905.

6. Bruce Ackerman, "Law, Economics, and the Problem of Legal Culture", *Duke Law Journal*, Issue 6, 1986, pp. 929-947.

7. Guido Calabresi, *The Future of Law and Economics：Essays in Reform and Recollection*, unpublished manuscript.

8. Steven Teles, *The Rise of the Conservative Legal Movement：The Battle for Control of the Law*, Princeton University Press, 2008.

9. Ibid. , pp. 93-94.

10. Ibid. , p. 96. 而关于迪雷克托，另外一个不得不提，他的妹夫是著名的经济学家米尔顿·弗里德曼。

11. Steven Teles, *The Rise of the Conservative Legal Movement*, p. 94.

12. Steven Teles, *The Rise of the Conservative Legal Movement*, p. 95.

13. 转引自苏力：“《波斯纳文丛》总译序”，载理查德·A. 波斯纳：《法理学问题》，苏力译，中国政法大学出版社 2002 年版，第 xii 页。

14. A. Mitchell Polinsky, "Economic Analysis as a Potentially Defective Product：A Buyer's Guide to Posner's *Economic Analysis of Law*", *Harvard Law Review*, Vol. 87, 1974, p. 1655.

15. Steven Teles, *The Rise of the Conservative Legal Movement*, p. 101.

16. Ibid. , p. 96.

17. 罗切斯特大学政治系，在莱克的领导下，是理性选择理论的大本营，将微观经济学的理论用于对政治制度、行为和过程的分析。

18. Steven Teles, *The Rise of the Conservative Legal Movement*, pp. 104-105.

19. Ibid. , p. 107.

20. Ibid. , p. 110.

21. Ibid. , p. 114.

22. Ibid. , p. 189.

23. Mark Tushnet, "Critical Legal Studies：A Political History", *Yale Law Journal*, Vol. 100, 1991, pp. 1515, 1523.

24. Ibid. , 1523.

25. Ibid. , p. 1530.

26. Ibid. , p. 1517.

27. Arthur Leff, "Economic Analysis of Law：Some Realism About Nominalism", 60 *Virginia Law Review*, Vol. 60, 1974, p. 451.

28. Bruce Ackerman, *Reconstructing American Law*, Harvard University Press, 1984.

29. Richard Posner, "Utilitarianism, Economics, and Legal Theory", *Journal of Legal Studies*, Vol. 8, 1979, p. 103.

30. 参见沈明：“经济危机与经济学的危机——从波斯纳的研究切入”，载《北大法律评论》第 13 卷第 1 辑，北京大学出版社 2012 年版。

31. 参见 Stephen Skowronek，*Building a New American State*：*The Expansion of National Capacities*，1877 – 1920，Cambridge University Press，1982。杰里·马萧教授近期出版的新著对此持有不同的看法，马萧在此书中重新书写了美国行政法在建国头一百年内的"史前史"，由此打破了将行政法起源追溯至 1887 年州际贸易委员会的传统观念，参见 Jerry Mashaw，*Creating the Administrative Constitution*：*The Lost One Hundred Years of American Administrative Law*，Yale University Press，2012。

32. Bruce Ackerman，*Reconstructing American Law*，p. 1.

33. 这是学界所通说的迷思，但真的存在过放任自由的普通法秩序吗？一个否定的回答可参见 William Novak，*The People's Welfare*：*Law and Regulation in Nineteenth – Century America*，University of North Carolina Press，1996。

34. 一个批判法律史的说明，可参见 Morton Horwitz，*The Transformation of American Law*，1780–1860，Harvard University Press，1977。

35. Robert Gordon，"The Struggle Over the Past"，*Cleveland State Law Review* Vol. 44，1996，pp. 123，135.

36. Bruce Ackerman，*Reconstructing American Law*，p. 90.

37. Ibid.，p. 79.

38. 关于这一讨论，可参见《霍夫斯塔法律评论》在 1980 年所组织的一场研讨会"作为一种法律问题的效率"（Efficiency as a Legal Concern），特别是其中波斯纳、卡拉布雷西、德沃金、邓肯·肯尼迪和迈克尔曼的论文，参见 *Hofstra Law Review*，Vol. 8，1980，p. 485。

39. 相关论述，可参见 Robert Gordon，Critical Legal Histories，36 *Stanford Law Review*，Vol. 36，1984，p. 57。

40. Bruce Ackerman，*Reconstructing American Law*，p. 92.

41. Lochner v. New York，198 U. S. 45（1905）；Brown v. Board of Education，347 U. S. 483（1954）.

42. Bruce Ackerman，*Reconstructing American Law*，pp. 92–93.

43. Ibid.，pp. 90–91.

44. Ibid.，pp. 91–92.

45. Ibid.，p. 94.

46. Ibid.，p. 96.

47. 此案是关于第二修正案所规定持枪权的解释，District of Columbia v. Heller, 554 U. S. 570（2008）。

48. 熟悉美国宪政史的人会留意到，这句话借鉴了杰克逊大法官在上世纪中叶定位美国最高法院名言的修辞："我们不是因为我们永不犯错才成为终局审；而是因为我们是终局审，我们才从不犯错。"真正理解原旨主义，不是要探讨它作为一种宪法解释方法是否符合一般法治原理，这种解读实际上意义不大，而是要去观察保守主义者是如何"营销"原旨主义的，参见 Jamal Greene, "Selling Originalism", 97 *Georgetown Law Journal*, Vol. 97, 2009, p. 657。

49. 关于原旨主义的一个讨论，可参见 Robert Post and Reva Siegel, "Originalism as a Political Practice: The Right's Living Constitution", *Fordham Law Review* Vol. 75, 2006, p. 545。

50. 阿玛的新书是 Akhil Reed Amar, *America's Unwritten Constitution: The Precedents and Principles We Live By*, Basic Books, 2012；波斯纳的书评，参见 Richard Posner, "How Many Constitutions Can Liberals Have?", *The New Republic*, November 2012。

51. 洛克纳案的修正史，一个近期的重要著作，可参见 David Bernstein, *Rehabilitating Lochner: Defending Individual Rights against Progressive Reform*, University of Chicago Press, 2011。我提醒有兴趣的读者注意作者伯纳斯坦的工作单位，乔治·梅森大学法学院，其创院院长正是本文第二部分所围绕的亨利·曼尼。

52. Richard Epstein, *How Progressives Rewrote the Constitution*, Cato Institute, 2007.

53. 一个近期有公共影响力的表述，可参见 E. J. Dionne, *Our Divided Political Heart: The Battle for the American Idea in an Age of Discontent*, Bloomsbury, p. 23。

54. 该书最早在 1935 年由 Harper & Brothers 初版，1976 年由芝加哥大学出版社重新发行，我所参考的版本是 Frank Knight, *The Ethics of Competition*, Transaction Publishers, 1997, p. 44。

55. Owen Fiss, *The Irony of Free Speech*, Harvard University Press, 1996.

56. Kathleen Sullivan, Free Speech and Unfree Markets, *UCLA Law Review*, Vol. 42, 1995, 949.

57. Cass Sunstein, *Democracy and the Problem of Free Speech*, Free Press, 1993.

58. 罗尔斯在《正义论》中对此给出了一个颇为激进的论证，在公平式正义的框架内，不仅身份、财产及其教育是"道德上的恣意因素"，就连一个人的"自然禀赋"也同样如此，因此，罗尔斯的理论并没有止于一种绩优统治的社会（meritocracy），他认为自然禀赋应当作为一种全社会的"共同资产"（common asset）。参见 John Rawls, *A Theory of Justice*, Revised edition, Harvard University Press, 1999, pp. 86–92。

你为什么可以不读布雷耶？

一

2010 年初春，乍暖还寒之际，耶鲁法学院请到美国联邦最高法院布雷耶大法官进行为期两天的讲座。虽然布雷耶在耶鲁法学院并非稀客，他曾多次出席法学院在每年秋季学期举办的全球宪制研讨会，来自世界各地的宪法法官会聚首纽黑文，进行为期数日的闭门研讨，但法学院还是加强了安保措施，我进入法学楼时被要求出示证件，印象中这是我在耶鲁那年绝无仅有的一次。

主持第一天讲座的是耶鲁大学校长理查德·莱文。莱文校长自称一路追随布雷耶脚步的"小弟"，两人均出生在加利福尼亚的旧金山，高中就读同一所中学，又是同一个辩论协会的成员，本科都毕业于斯坦福大学，后来又都进入牛津大学求学，只是布雷耶年长莱文九岁。

并不是每一位大法官都可以享受布雷耶的待遇。前段时间，黑人大法官托马斯访问耶鲁法学院，那阵势可不是杰出校友荣归母校，只能让人想到"悄悄地进村，打枪地不要"，只是院长安排了一场私人性质的座谈会。我此前在哥伦比亚大学法学院访问时，曾赶上畅销书《九人》的作者杰弗里·图宾的演讲，但前来捧场的听众也只在一个百人左右的教室内上座了三四成的样子。

唯一的例外或许是波斯纳法官，他虽有不亚于布雷耶的票房号召力，但还是没有获得安保规格提升的待遇，我还记得波斯纳访问耶鲁的那晚，我就在法学院门口与他和另一位法经济学的教授打了个照面，波斯纳瘦高的身材裹在一个宽松的风衣内，活像一个"装在套子里的人"。

布雷耶早年任教于哈佛法学院，进入最高法院后也从未脱离与学术界的亲密关系。《九人》内称他"长袖善舞"，而在我看来，他尤其擅长与精英法学院内的师生们打交道。虽然这些年保守主义的联邦党人协会在法学界越来越有人望，但精英法学院还是、至少暂时还是新政自由派的天下。

但在我的记忆中，布雷耶的那场讲座却只能说是美国版的"屁股决定脑袋"的故事。在一个"大法官说了算"的国度内，大法官的票房与其说在于其思想的号召力，不如说是他所位居的地位的影响力。第一天的讲座，布雷耶一直在谈人所共知的马伯里诉麦迪逊的故事，无论在历史资料还是理论方法上，大法官都并未讲出新意。虽然我当时已经接受中国政法大学出版社的委托，承担起《积极自由》的翻译工作，但我还是在问题答问环节时提前离开了报告厅。

也是在讲座中，布雷耶预告他会在暑期推出一本新书，回国后不久，我就看到了 *Making Our Democracy Work：A Judge's View* 的出版消息，《耶鲁法学杂志》也在不久后刊出了大法官的演讲稿，后来得知何帆法官正在翻译这本书。在《积极自由》出版后，我也在布雷耶访华前夕第一次见到老朋友何帆，从他那里拿到刚印出、尚未发行的《法官能为民主做什么》。

二

种种迹象表明，布雷耶一定在为自由派的法治事业忧心忡忡：无论是在《积极自由》《法官能为民主做什么》，还是在何帆的访谈中，他都反复指出一个事实：在当下的美国，三分之二的人可以说出《美国偶像》三个评委的名字，但只有三分之一的美国人可以说出政府三个分支的名称，四分之三的美国人连法官和议员的区别都不知道。正因此，在写给中文读者的序言中，布雷耶提到，《法官能为民主做什么》所预设的读者群是"美国的普通百姓"，他希望可以为普通读者揭开这一最不危险、却也最不公开的分支的面纱，向他们展示联邦最高法院在美国民主体制内的角色和功能，这正如他的中译本序言的标题，"我们为什么需要一个强大而独立的司法系统"。

但我谨慎地怀疑布雷耶这一普法的高贵梦想能否成功。毕竟，在这个民主、法治、信息自由的国度内，老百姓每四年就可以到投票箱前选择国家的领导人，但四分之三的美国人却搞不清楚法官和议员的区别，这本身只能说明美国的宪政体制绝非看上去那么美。最近几年，美国头面的宪法学家都在自觉反思美国宪政体制的病理，他们给出的诊断和药方林林总总，但都指出了一个最基本的事实：假若美国普通群众，那些沉默的大多数，继续维持对政治的无知、疏离乃至排斥，那么自由民主法治只能是良辰美景虚设。因此，实事求是地讲，这原本就不是一本书可能解决的问题，而在福山所谓的"否决政体"格局下，美国体制的悖论就在于它失去了在体制内自我修正的能力。无论是左翼的占领华尔街，还是右翼的茶党运动，都是外在于宪政体制的社会运动。哈佛法学院的莱西格在新书中甚至主张美国必须重开制宪会议。

就事论事地看，布雷耶还是未能放下他学者型法官的"架子"，未能褪去他知识精英的"做派"。如果对比何帆此前翻译的图宾和刘易斯，布雷耶在谋篇布局的叙述手法上还算不得高明，在讲故事的感觉上，还不具备《纽约客》专栏作者的能力。正是因此，我很质疑，布雷耶所预设的读者——那些沉默的四分之三的美国人——究竟是否有意愿也有能力阅读布雷耶的陈述。假若他们不知道什么是三权分立，你如何指望他们可以跟得上大法官的叙事节奏呢，如何能够理解源于欧洲的"比例审查"要比美国的分阶审查更有利于民主问责呢？事实上，美国法制自由派的理论建构和实践之所以数十年来一再挫败，新保守主义则节节胜利，关键就在于自由派在理论和实践的两个战线上都丢失了"群众路线"的法宝。

回到文化战争的背景下，我们要知道，布雷耶批判的原旨主义从来都不只是学者在书斋中冥想出的一种宪法解释理论，从一开始，原旨主义就是一场内嵌于新保守主义文化的政治实践和社会运动。在沃伦法院的精英司法走过头的背景下，原旨主义主张宪法解释要以制宪者原意为准则，这种简单的口号，虽然难以征服知识精英的脑袋，但一下子就抓住了普通人的情绪和心灵。相比之下，布雷耶对其实用主义解释方法的说明，"法官的解释既要避免太过机械，又要防止过于恣意"，这种四平八稳的学术话语或许可以在知识精英那里八面玲珑，但他的预期读者，那四分之三的美国人，却不可能读懂这些似是而非的话。

2012 年初，第四巡回区上诉法院的哈维·威尔金森法官出了本名为《太空宪法理论》的书，这位由里根总统在三十年前任命的法官，在书中将自由派和保守派的宪法解释理论一锅煮了。在他看来，新保守主义的"原旨主义"不过是"打扮为司法节制的能动主义"，而布雷耶与波斯纳的实用主义也只是"通过反理论的能动主义"，威尔金森的旗帜是由汉德、哈兰以及霍姆斯身体力行的司法审慎。因此，对知识精英而言是借以慰藉心灵的鸡汤，但对那四分之三的美国人而言却还是"太空宪法理论"——有假、大、空的嫌疑。

因此，在普法的效果上，布雷耶的著述或许比不上奥康娜所参与的"我们的法院"这一在线游戏（可参见《法官能为民主做什么》译者序），至少后者代表着一个更有希望的政治策略。布雷耶和奥康娜之间的差异来自于两人不同的背景，布雷耶原本是出生于加利福尼亚的哈佛教授，而奥康娜却成长在亚利桑那州牧场，在被提名至最高法院前出任更贴近基层的地方议员。

但在中文读者这里，布雷耶的困局反而可能得到缓解，至少我相信，这本书的中文读者一定是知道如何区分美国的议员和法官的。而且，以近年来讲述美国为题的一系列作品为铺垫，这本书的到来可谓是恰逢其时，它接续了主宰中国人对美国政治想象的精英叙事路线。实际上，有学者通过大规模的社会调查发现，中国人在文化趣味和阅读选择上早已出现阶级意义上的分化，由此，我将布雷耶的新著视为"精英阅读美国"的一个新读本。但问题还是在于，一旦进入公共领域，中文读者可能会发现，这本书并不只是在讲述一个美国宪政的童话故事，布雷耶的论述实际上混入了相当程度的专业要求，而何帆精心制作的译者注虽可以缓冲，但也无法消除这种知识隔阂。

三

在《九人》的序言中，何帆曾用"没有英雄的年代"来形容现在的最高法院，较之于历史上最高法院群星璀璨的时代，如今的九人确实只是常人政治。这一变化根源于美国政治的一种结构性变迁：首先是法院在二战后取得了最终解释宪法的权力，但吊诡的是，法院在宪法事务上的一言堂反而导致了法官面孔的单一化，因为那些"出头鸟"很可能会在参议院审查的过程中被"打掉"，于是就有了宪法学者所说的"暗度陈仓"的法官任命策略（art of stealth）。事实上，布雷耶也并非克林顿总统的首选，克林顿"想要一个有灵魂的法官"，因此他首先选择了伟大的女权运动律师金斯伯格。

在现有的九人阵营中，布雷耶并非一位司法能动主义者，不再天真地相信单凭最高法院的革命性判决就可以实现进步的社会变革，这一点让他区别于他在沃伦法院的自由派先辈。布雷耶的好友，此次陪同布雷耶访华的葛维宝教授也曾指出，自1994年到2005年，在最高法院宣布国会立法违宪的判决中，布雷耶仅在28%的案件中加入了违宪判决阵营，是最尊重国会的法官；相比之下，反而是原教旨原旨主义的托马斯大法官在66%的案件中做出了违宪判决。但是，作为司法节制的身体力行者，布雷耶的理论叙述却呈现出一种深层的分裂，如果我们将之放回美国宪法理论的语境内，这种分裂尤其清晰可见。

在讨论美国的司法审查时，一个应予承认的前提即在于，司法审查，或者说法官作为宪法的守护者，从来都不是一种不证自明的制度，而是美国民主制度的反常，应予理论证成的例外。在美国宪法学的论述中，有关司法审查和民主自治之间的张力，最经典地呈现在由比克尔所提出的反多数难题中。这一问题让数代宪法学者为之"走火入魔"，也留下了群星璀璨的学术记录。

布雷耶是内在于这一学术脉络内的，在《法官能为民主做什么》中，布雷耶并未就法院谈法院，而是将视角拉回美国的宪政体制，例如他在讨论法院和国会关系时，就主张"不能动辄宣布立法违宪"。在这里，布雷耶抛出的是一个有关司法审查的经典命题，但他却未能带领读者进入这一命题的学术脉络。如果我们知道布雷耶在最高法院的座次曾先后坐过霍姆斯、卡多佐和法兰克福特这些殿堂级的人物，他在历史传承叙述上的缺失尤其令人遗憾。"法官能为民主做什么"，如果这个问题摆在布雷耶前人面前，答案或许是，最能服务于民主的是无所作为的宪法法官，因为正是伟大的霍姆斯曾经说过，假如我的同胞们要下地狱，我也只能帮助他们，这就是我作为法官的工作。

但在布雷耶看来，最高法院是终极的宪法决策者，"制宪者赋予最高法院对国会立法的合宪性最后说了算的权力"，这就已虚化了人民作为一种法律主体存在的可能性。但布雷耶并未忘记人民，在批判原旨主义时，布雷耶就抡起大棒，"原旨主义者能赢得人民的尊重吗？他们能保证自己对实际问题的回应，会被广大人民接受和履行吗……"。但已如前述，之所以"我们都是原旨主义者了"，这并不是原旨主义在理论上的成功，而恰恰由于其在政治上取得了庶民的胜利，也正因此，才有了从保守派那里夺回对历史的阐释权的斗争。

由是观之，人民只是布雷耶的 magic word，一方面，他赋予人民以无上的道德地位，似乎祭起人民的大旗就可以横扫一切牛鬼蛇神，另一方面，人民从来没有获得法律的定义，人民并未出场。从技术上来讲，布雷耶之所以司法节制，只是因为他选择了司法节制。在美国的宪政论述中，只要人民未能出场，那么在实际操作中，节制与否都是由法官说了算的事了。

美国司法史上有一个现实得近乎残酷的故事。布伦南大法官曾告诉他的助理，在联邦最高法院，只要拿到五位法官的投票，你就可以做任何事情，这是"宪法中最重要的规则"。2012 年 6 月，在联邦最高法院将要宣布医保案的判决前，《时代周刊》以肯尼迪大法官为封面人物，称他为"决断者"（the decider）。熟悉美国司法政治的读者应当知道，目前的最高法院在分裂性议题上常规性地形成四比四的表决格局，而肯尼迪作为居中的摇摆票，他的第五票往往是一票定江山。而在刚宣布的医保案判决中，临战倒戈的却是由小布什任命至最高法院的首席大法官罗伯茨，但第五票是谁并不重要，这只能再次印证布伦南当年的实话实说。

如德沃金之类的理论家会认为，政治过程讲利益，而司法过程讲原则，法院乃是一种原则论坛，这正是法官作为宪法决策者的德性。但至少在我看来，我更愿意相信波斯纳为法院祛魅的判断，最高法院本身就是"一家政治法院"。前几年在哥大访学时，我曾在波斯纳的讲座中听到一个至今难忘的段子：关于其新著《法官如何思考》（*How Judges Think*），他原本拟的书名是《法官是否在思考？》（*Do Judges Think?*）或《究竟哪些法官在思考？》（*Which Judges Think?*），在这里，波斯纳以他招牌式的冷酷再一次撕下了布雷耶营造出的温情脉脉的面纱。我们或许可以说，较之于波斯纳，布雷耶在现有体制内更富有一种赫伯特·威克斯勒多年前所说的"如鱼得水式的天赋"，于情于理，我们都不应指望由布雷耶来对司法审查作根本性的反思。

四

应当承认，这是一篇在现行体制内不那么厚道的书评，不太符合书评的规矩和礼数，我所扮演的更接近浑身是刺的"波斯纳"，而不是长袖善舞的"布雷耶"。我甚至曾为本文草拟过一个更戏谑的名字《你为什么可以不读何帆》，之所以改为现在的文章名，因为我也是布雷耶的译者，如有不当之处，至少可以承担起一份额度较小的连带责任。

之所以主张"可以不读"，是希望回应近来流传于坊间的一种观念：要理解美国宪法，就要读布雷耶，而读了布雷耶，也就读懂了美国宪法。一时间，布雷耶及其所代表的司法化宪法的叙述似乎成为我们理解美国宪法的必要兼充分条件，而这正是我近期思考所致力于超越的美国宪政叙述模式。审慎的历史观察者常言道，我们从历史中学到的是，我们从未从历史中学到任何东西。假如我们由古今视角切换至中西视角，在宪政问题上，假若我们一心要到美国法院那里去取宪政的真经，甚至以为布雷耶的论述代表着美国宪政理论的真正经典，从而陷入一种司法化宪法的叙述模式而无法自拔，那么多年之后，我担心读者们将会感叹道，我们从美国宪法中学到的是，我们从未从美国宪法中学到任何东西，这不是说美国宪政没有值得学习的经验，而是因为司法化宪政的讲法遮蔽了美国宪政的真正教义。

乘风破浪的学者们

——"伟大一代"的宪法课

一

此刻，我抬头望去，正对着我办公桌的那排书架上，有两排书，那里存在着一个智识宇宙。我把研究美国宪法最需要读的书，必读书，都放在这个抬眼可以看到的地方。这些书有一些共同点。

"伟大一代"，是可以把这些书包括在内的一个标签，用于指称美国宪法学一段具体的历史时期，这一代如何断，主要基于学者的出生年份。具体地说，设定1945年为原点，向前推5年时间到1940年前后，往后推5年至1950年，由此构成一个以1945年为中心、前后跨越约十年的时段，所谓美国宪法学的"伟大一代"，就是出生在这一历史时期的宪法学者。遥想美国当年，国家有光荣，人民有梦想，宪法有力量，学者们意气风发，在属于他们的学术时刻里做出了第一流的宪法研究，至今重读当年脱颖而出的论著，在学术上也担当起"伟大"二字。

当然，"伟大一代"的说法，不是我从美国宪法学的家谱里抄来的，据我所知，美国人自己并不这么讲，也许恰恰是因为他们"身在此山中"，一路走来，同代人之间的政治论辩和学术论战构成了沿途风景的常态，置身于事内，反而不容易看清个人奋斗和历史进程之间的关系。或许可以说，这一代如何盖棺论定，在美国宪法学内部，是一个留待后人评说的问题。反过来，正因为"置身事外"，我们才能"旁观者清"，在学术风浪的汹涌澎湃之下，看得到历史河床的沟壑和纹理。

"伟大一代"的断出，谈不上多么周密的索隐考订，靠的是在一个领域沉浸多年后形成的感觉，是在读书中发现、又回到读书中得到验证的一个判断——举凡美国宪法研究的必读文献，几乎所有的"大书"都出自这个年龄段作者的手笔。在宪法学的天空中，这一代群星璀璨，得益于他们适逢其时的学术贡献，甚至给宪法学这一学科在美国加冕了法学研究的"皇冠"。时至今日，即便"伟大一代"中的五零小字辈都已盛年不在，行将退出学术的舞台，但所有的学术"后浪"，都会发现他们无可避免地站在"伟大一代"的肩膀上，自此后，无论学术上再怎么花样翻新，"伟大一代"在大约半个世纪前的学术登场，就如同发生于"轴心时代"的文明初创，他们是这一领域的巨人，"后浪"难以望其项背。

我的老师、耶鲁大学法学院的布鲁斯·阿克曼教授，就是"伟大一代"中的弄潮儿。事实上，当我在对这一代进行身份侧写时，脑海里浮现的就是阿克曼教授的形象，仿佛又回到了十年前，我坐在耶鲁法学院的教室里，听他在讲台上谈笑风生。天才总是成群而来，但即便是在巨人群峦中，出生于 1943 年的阿克曼也是一座高峰，他目前仍未完结的《我们人民》多卷本，可说是"伟大一代"的集大成之作，综合长度、厚度、广度、深度和跨度而言，《我们人民》系列之"大"，穷尽了这代宪法学者的想象。

　　阿克曼出现在这里，是为"伟大一代"现身说法，选他来代言，说到底还是因为我熟悉这个人，熟读过他的大部分书。在美国宪法研究这条道上，伴随阿克曼一路并肩战斗，从"青椒"一步步掀起"巨浪"的，是整整一代卓越学者。篇幅所限，下面只能"报人名"，并在名字后用括号夹注其英文姓名、任教大学，以及对本文而言最必要的信息——出生年份，在宪法研究中，他们的大名就能说明一切。登场按年龄大小来排序：弗兰克·迈克尔曼（Frank Michelman，哈佛大学，1936 年生）、欧文·菲斯（Owen Fiss，耶鲁大学，1938 年生）、约翰·哈特·伊利（John Hart Ely，生前流转任职于耶鲁、哈佛、斯坦福，1938 年生）、劳伦斯·却伯（Laurence Tribe，哈佛大学，1941 年生于中国上海）、桑福德·列文森（Sanford Levinson，德克萨斯大学，1941 年生）、布鲁斯·阿克曼（Bruce Ackerman，耶鲁大学，1943 年生）、马克·图什内特（Mark Tushnet，哈佛大学，1945 年生）、凯瑟琳·麦金农（Catharine MacKinnon，密歇根大学，1946 年生）……若不限于狭义的宪法学圈，这一份闪亮的名单可以继续扩展，左翼批判法学站出来莫顿·霍维茨（Morton Horwitz，哈佛大学，1938 年生）和邓肯·肯尼迪（Duncan

Kennedy，哈佛大学，1942 年生），右翼法经济学则有理查德·波斯纳（Richard Posner，芝加哥大学，1939 年生）和理查德·艾普斯坦（Richard Epstein，纽约大学，1943 年生）。如果可以跑题片刻，把目光投射到法学界之外，那么在我阅读范围内，研究美国 19 世纪史的埃里克·方纳（Eric Foner，哥伦比亚大学，1943 年生）和研究当代社会问题的罗伯特·帕特南（Robert Putnam，哈佛大学，1941 年生），不仅著有宪法研究无法绕过的经典，他们的出生年份同样很"伟大"。

名单只能是名单，既无法一一展开，更难以全部穷尽，但里面的每一个名字都如雷贯耳，都是宪法学领域内的仰止高山，每一位学者都有等身的著作，他们聚在一起，就是美国宪法研究的名人堂。可以说，这一代的个人努力为我们构筑起宪法研究的一个图书馆，里面包含着一个智识宇宙，百花齐放，所谓美国宪法研究的学术训练，在我看来，就是要走进去、在这座图书馆里快乐地挣扎着，并最终能从里面活着走出来。在这里，我想提出一个"魔鬼经济学"风格的问题，为什么天才竟如此成群结队而来？为什么天公竟会如此不拘一格，在 1940 年前后不断抖擞，降生了宪法研究在美国的"founding brothers"一代？

二

　　"巨浪"之所以能成为"巨浪"，一定是因为他们弄潮于时代，行走在历史的风口上，方能成其"巨"。而天才成群而来，巨浪奔腾而至，如此一代人在宪法学的舞台上风云际会，则非有历史的大江大河不可。英雄莫问出处，但造就英雄却需要"时势"。好学者从来不乏个人的天资和勤奋，但历史的际遇却岁岁年年各有不同。故此，"伟大一代"一定是遇上了一个伟大的时代，那些宪法学"大书"的诞生，也得益于学术俊杰们在历史进程中"识时务"的先见之明。当然要理解这种"伟大"，仅仅爬梳学者的简历是不够的，眼中只见树木，我们的故事也就只能熬制成一碗成功学的心灵鸡汤，眼下的当务之急，是要走进"伟大一代"成长的历史行程，一片参天巨木的森林，其所扎根的土壤必须兼具历史之深和时势之厚。

　　回溯"伟大一代"的年轮，1938 年可说是这一代的元年，费斯、伊利、霍维茨都出生在这一年。按美国宪法大事记所载，1938 年是一个普通年度，春去秋来，华盛顿的政治舞台上并无异象，似乎波澜不惊又一年。但放宽历史的视野，从后果追溯前因，1938 年的宪法意义方能显现。原来，这一年的静悄悄，是在伟大的历史转折得以完成后的平静，它有一个前传，就是过去五年在宪法路线上的分歧、斗争、危机，以及最终的拨乱反正。

长话短说，故事是这么展开的：1933年，罗斯福就任总统，为挽狂澜于既倒，将美国从大萧条的泥潭中拯救出来，他在上台后即施行"百日新政"，拿出一系列改革立法，向放任自由的旧秩序宣战，但在罗斯福首届任期的后半段，这些新政立法却屡屡惨遭最高法院黑手，纷纷被宣告违宪。一时间，华盛顿的政治舞台上剑拔弩张，改革派要新政，法院却固守旧法，新与旧之间无可妥协，必居其一，这是两条宪法路线之间的最后斗争，如何抉择，也就是回答美国要往何处去，打什么旗，走什么路。终于，等到1936年的总统大选，罗斯福取得了一场摧枯拉朽的胜利，以人民的名义，在第二届任期伊始，他提议改组最高法院，为这个老态龙钟的顽固机构注入新鲜血液，面对迫在眉睫的威逼，最高法院在1937年夏天选择了退却；最终，华府分立的三权，从总统、国会到最高法院，都团结在罗斯福新政之后，至此，一场伟大的转折终告完成，美国走进了新政时代。

按照以上叙述，1938年，不仅是"伟大一代"的元年，还是新政体制取得全面胜利后的第一年，一段疾风骤雨的大变动已告终结，现在是暴风雨之后的岁月静好。"伟大一代"可以说是新政的孩子，在新政自由主义所揭幕的历史行程内，他们茁壮成长，其中很多也未辜负时代的际遇，抓住社会流动阶梯所敞开的机会窗口，凭借个人的才能和努力完成了阶层跨越。继续拿阿克曼做例子，他出生在1943年，一个典型的新政后年份，成长于纽约市的布朗克斯区，父亲是一名裁缝，1964 年从哈佛本科毕业，正逢林登·约翰逊总统宣布"伟大社会"计划，新政自由主义构成了他们这一代走不出的风景。

在此历史背景下，罗尔斯出版于 1971 年的《正义论》，某种意义上就构成了美国知识界在新政四十年到来之际的一次理论献礼，而书中所给出的"最弱势"检验标准，对于自小识得民间疾苦的这一代来说，也属于伦理观的天经地义。哈佛的迈克尔曼，作为"伟大一代"中的长者，就是罗尔斯理论的信徒，1970 年前后，他在宪法理论上所努力的，就是要让"作为公平的正义"理论能扎根于美国宪法，不仅是无知之幕下的抽象共识，还要成为一种能为宪法所承认且为政府机构所执行的基本权利。1969 年，迈克尔曼在《哈佛法律评论》上发表经典论文——《通过宪法第十四修正案保护穷人》，自此后用一系列文章来论证一种具有宪法位阶的"福利权"。半个世纪后，当我们身处新冠元年回望历史，翻看当年的宪法学争鸣，竟有一种恍如隔世的感觉，故纸堆埋着半个世纪前有志宪法青年的严肃论证，"居者有其屋"是一种宪法权利，再对勘新一代社会学新锐的下层阶级分析，从《在逃》到《扫地出门》，新政自由主义如何在即将到来的"八十年代"遭遇背叛，我们今天一目了然，只是行走在时代进程中的人浑然不觉而已。

三

继续"伟大一代"的人生旅途：出生于新政后的孩子，青春期当然赶上了"六十年代"的浪潮，而对于这一代的美国法律精英来说，他们追求社会正义的冲动，并不是非要走上街头才能挥洒和宣泄，因为沃伦法院在 60 年代的存在，进步法律青年的圣贤书和窗外事在这时出现了一种奇妙的交叠。世间恐怕再也不会有这样的最高法院了，从 1953 年到 1969 年，在沃伦首席大法官的带领下，最高法院竟然同黑人、穷人甚至"坏人"站在一边，尤其是在进入 60 年代之后，大法官群体转入某种时不我待的心态，以司法审查为变革利器，在黑人民权、言论自由、选举机制、刑事司法、隐私保护等领域内担当起社会正义的急先锋，掀起一场不流血也未成文的宪法革命。

"伟大一代"在法学院内的读书时光，就遇到了这么一个疾风骤雨的变革时刻，可以想见，最高法院一个又一个大新闻传来，法学院课堂上一阵接一阵地欢腾。写作本文时，我参照《沃伦法院与美国政治》一书后附的大事记，检索阿克曼在耶鲁法学院的求学岁月，从 1964 年到 1967 年，迎面而来的就是大时代奔涌的变革洪流。一部又一部里程碑式的改革法典，从 1964 年的《民权法案》到 1965 年的《选举权法案》；一件又一件颠覆现状的宪法判决，从 1964 年的纽约时报诉萨利文，到 1965 年的格利斯沃德诉康涅狄格州、1966 年的米兰达诉亚利桑那州——阿克曼入读耶鲁法学院的秋季，正逢林登·约翰逊以"伟大社会"为纲当选总统，转眼到毕业季，就见证了马丁·路德·金所导的第一次反越战游行——一年后，金遇刺身亡。在 1980 年的《自由国家中的社会正义》里，阿克曼曾在前言中写道，他何以能在当年的"政治动荡"中静下来读书，是因为他相信，"没有系统的反思，政治行动将徒劳无益"。再往前走，自耶鲁毕业后，阿克曼在 1968 至 1969 年开庭期来到联邦最高法院，担任哈兰大法官的助理，这是沃伦法院在历史上的最后一年，1969 年 6 月，想来阿克曼是同沃伦同期离开最高法院的，这边是老人功成身退，另一边则是年轻人憧憬着他的学术未来，命运交错而行，一个月后，阿波罗登月成功。此时，光荣属于美国，法律人也有伟大的梦想。

在美国法学界，成功的学术道路都缺不了关键的几步。从法学院毕业后去最高法院做助理，在"伟大一代"中，几乎构成他们走向而立之年的履历标配。根据我的检索，下面再列一个名单，以进入最高法院殿堂的先后为序，人名后面的括号里是任职时间以及所跟从的大法官：迈克尔曼（1961—1962 年开庭期、布伦南大法官）、波斯纳（1962—1963、布伦南）、菲斯（1965—1966、布伦南）、伊利（1965—1966、沃伦首席大法官）、却伯（1967—1968、斯图尔特大法官）、阿克曼（1968—1969、哈兰大法官）、肯尼迪

（1970—1971、斯图尔特）、图什内特（1970—1971、瑟古德·马歇尔大法官）。如此看来，"伟大一代"，当年都曾是沃伦法院里的年轻人，还原回每位学者的个人简历，这一条目都属正常操作，但这样摆在一起，以十年为期，他们竟如此密集地相逢在最高法院，既有前后相继地服务于同一位大法官的，也有同年在最高法院殿堂内履职的。想一想，很可能他们就是办公室隔壁或公寓邻居，也可能曾在同一间办公室里迎来送往，搁在今天，"伟大一代"一定少不了很多共同的"群"。所以说，他们都曾在自己的青年时代亲历过有为的沃伦法院，"历史中的沃伦法院"，当他们进入学界后，立马就面临着一个后沃伦时代的学术命题，如何让这个在政治上可爱的最高法院，也能在法律理论上可信。毕竟，他们无比崇敬这个与弱势群体共命运的"九人"机构，但悖论却是，他们从课本上所学到的司法理论，基本来自上一辈的经验，从洛克纳时代到新政危机，一个能动的最高法院会有多危险，构成了上一辈内心深处的怕，故此，新一代要为沃伦法院在理论上正名，就要重写最高法院史，彻底反转此前的司法审查理论。

某个夜深人静的时候，他们可能都问过一个苏力式的问题，"什么是你的贡献?"经历多年耕耘，贡献在1980年前后到来，一批巨著问世。迈克尔曼致力于把罗尔斯宪法化，是要继续深化沃伦法院未竟的事业；波斯纳却转向保守，在沃伦退休那年，他转至放任自由的根据地芝加哥，首版的

《法律的经济分析》在 1973 年问世，一个帝王学科由此开创；菲斯则从芝加哥转至耶鲁，回看沃伦法院的经典判决，他在其中发现了一种法律愿景，在一个多元社会内，法律成为一种公共理性的担当；却伯要成为整理宪法判例集大成的"布莱克斯通"，1978 年出版了《美国宪法》这部将宪法判例体系化的巨著，这一年才 37 岁……而在这一系列时代的写作中，最有代表性的当数伊利出版于 1980 年的《民主与不信任》，他把这本书就题献给自己当年的老板——沃伦首席大法官，献词是"若你认真选择，你面前并无太多英雄"，换言之，沃伦及其领导下的最高法院，是"伟大一代"的真心英雄。根据《法学研究杂志》2000 年的一篇文章，伊利此书在各门类法学著作中引证率高居榜首，学术上之所以取得独一无二的成功，是因为书中提出的理论方案解决了沃伦法院的正当性难题，这是笼罩着整整一个时代的宪法问题。根据伊利的论述，沃伦法院的司法革命，非但不是反民主多数的，反而成功守护了作为美国宪法之架构的"民主过程"。此书出版不久，1982 年，伊利由哈佛转至斯坦福法学院任院长，而却伯则接替了他在哈佛的宪法学讲席，"伟大一代"在学术史上的人来人往，由此也可见一斑。

至此，时间进入"八十年代"，这代学者也先后步入不惑之年，他们开创了一个宪法学风光无限的时代，不是他们搜肠刮肚去编织问题，而是历史上的沃伦法院如影随形地跟随着他们，不断逼问他们，让他们难有喘息，必须给出一个说法，这个可爱的最高法院以及这段反常的司法史何以在理论上也是可信的？他们的成功，在于他们解答了历史提出的问题，在于他们把论文真正写在了脚踏的祖国大地上。

四

从新政的孩子，到沃伦法院里的年轻人，"伟大一代"现在已经人到中年。回望过去，宪法学对于他们来说不是为赋新词强说愁——所谓弄潮于时代，其实是时代在逼问他们，沃伦法院的一个判决，落在这代法律人身上就是一座山，问题千万重，但上升到主义的高度却不外乎两条，到底应该如何理解新政所开创的宪法秩序，又应如何理解沃伦法院的司法革命。终于到了不惑之年，这代人也拿出了让自己在学界扬名立万的作品。只有在这一历史背景下，我们才能明白，何以美国宪法的"大书"会在1980年前后井喷出现。

这时的他们都已成名成家，作为"后浪"取代了他们的前辈老师，行走在历史的风口浪尖上。但同埋伏在前方的一个历史时刻相比，此前的学术努力就好像是一场又一场的选拔赛，获胜者才能拿到进入宪法学"八十年代"的入场券，现在到了最后的总决赛，成功者将成为"巨浪"。或者换个视角，设想你是"伟大一代"的一员，30岁出头就在哈佛或耶鲁拿到终身教职，取得了学术上的领跑资格，70年代于你来说也成为一段从容不迫的写作时光，十年磨一剑，终于，你拿出了大部头的重磅作品，学界为之赞叹。正在此时，日历也翻开80年代的第一页，彼时里根总统入主白宫，大洋此岸的中国开始改革开放，"伟大一代"只有想点大事，才能继续乘风破浪，而对于这代宪法学的兄弟们来说，这件"大事"并非悄无声息，不是躲藏在某个隐秘的角落，它来得轰轰烈烈，是一个时代的情怀在宪法学上的凝结。回到那些年，似乎每位宪法学者都有一个研究议程的倒计时，就印刻在他们的脑海里，上面写得清清楚楚，距离我国宪法诞生两百周年还有××天——日子在一天天逼近，他们能否交出答卷？

从1787年的费城到如今，一部宪法即将走过两百年的风雨历程，"伟大一代"赶上了真真切切、百年一遇的大事！往前数一个世纪，1887年，年轻学者伍德罗·威尔逊刚刚出版《国会政体》一书，代表政治科学这门其实尚未诞生的学科，威尔逊表达了对英国议会民主政体的向往，即便是未来的总统先生都在推崇来自欧洲的传统，足见美国当年并无道路自信，理论自觉也就无从谈起。但今时不同以往，在迎接建国宪法两百周年的历史阶段，美国早已成为世界头号强国，软硬实力都正如日中天，战胜苏联也是指日可待——历史即将终结，既然"文化跟着权力转"，美国宪法两百年的历史如何讲成故事、传奇和史诗，"伟大一代"对这个课题责无旁贷。

两百年的宪法故事，要从很久很久之前开始讲起。美国原初即以宪法立国，让各州合众为一的根本法规范，写在费城会议的一张羊皮卷上，自此后，美国万变，宪法却不离其宗，是美利坚政治民族的根。却伯教授，作为"伟大一代"中唯一出生在美国境外者，就曾在 1987 年的一次毕业致辞中，同刚出炉的新鲜法律人分享了《宪法》羊皮卷的"历险记"："1787 年 9 月 18 日，在宪法草案签署的次日，它乘坐由费城至纽约的马车，在上午 11 时离开；当英国人在 1814 年 8 月进军华盛顿时，它在最后一刻幸免遭难，被塞进一个亚麻口袋，运往弗吉尼亚；再往后，它在近半个世纪里躺在华盛顿的一个地下室，同七把古剑一起放在一个老旧的绿色橱柜里，淡出公众视线；直至现在，它安静地躺在国家档案馆内。"原来，两个世纪以来，《宪法》始终同这个民族浮沉与共，命运交织，一刻也不曾分开。

而问题就在这里，一部成文宪法管了两百年之久，如此异乎寻常的稳定性，即便是费城当年的制宪者也不敢去想，既然在理性设计的逻辑里难以把握，则非"奇迹"说不足以开场。面对如此"奇迹"，追究宪法在诞生之初的民主原罪——所谓制宪者，不过是已经死去的白人男性有产奴隶主，反而是庸人自扰，归根到底，一部历经两个世纪风雨的宪法，自带时间所赋予的无上尊严和权威，它所需要的，不是一部空洞社会契约所要求的苍白"同意"，而是普罗大众在面对如此庞然大物时心里油然而生的"膜拜"——这种心态，为列文森教授所洞悉，可见于他出版于 1988 年的名著

《宪法信仰》。只是信仰不是从天上掉下来的，它要植根于雅俗共赏的宪法文化，扎根越深，生成的信仰也就越坚固。在此背景下，一进入80年代，当"倒计时"开始读日后，宪法学研究在美国就出现了集体的"历史转向"，催生出作为这十年宪法学地标的"共和主义复兴"学派，从贝林到伍德，那些呈现建国者之精神世界的史学大师指引着宪法学最新的研究。

阿克曼《我们人民》多卷本的写作，也起始于这个朝向两百年历史时刻的倒计时。据他所言，转向宪法史的写作计划早在70年代末就已萌生，按照我们现在所能见到的文献线索，最迟在1983年受邀回耶鲁做斯托尔斯讲座时，阿克曼的宪法史写作纲要就已雏形初现，接下来，《我们人民》第一卷出版于1991年，第二卷在1998年，第三卷则要等到2014年，基本的趋势是越写越长，也越写越慢——作为学生，我衷心祝愿他能在有生之年完成第四卷，按照起初的预告，最后一卷将聚焦于美国最高法院，论证大法官是如何在宪法解释中完成美国宪制的"代际综合"，实现建国、重建和新政的三统贯通的。在《我们人民》第一卷出版时，少壮派宪法学家桑斯坦就由衷赞叹，称此书为"过去半个世纪以来对美国宪法思想最重要的一次贡献"，而今回头去看，阿克曼历时40年尚未完结的宪法史写作计划，也就建立在一位宪法学者面向200年历史时刻的初心上，其问题意识早在第一卷开篇即已点名："美国是一个世界大国，但它是否有能力理解它自己？时至今日，它是否还满足于自己作为智识上的殖民地，借用欧洲的概念来破译自己民族身份的意义？"简言之，立宪两百年后，我辈要写就一个迟到的思想"独立宣言"。

但时光到此，里根来了。1980年，共和党在选票箱前对民主党的胜利，里根所言称的"政府并非解决我们问题的手段，政府自身就是问题所在"，在宪法发展的历程中应当作何解，到底是保守主义的一次回光返照，还是蓄势已久的卷土重来，抑或开启对新政自由主义的反攻清算，行走在历史进程中的人们无法知晓。在政治外力的刺激下，原本的学术之争开始外溢，成为内嵌在宪法斗争之舆论战场的一道风景线。在"伟大一代"中，有些偏向保守的学者变成了新政逆子，以芝加哥的艾普斯坦为例，他们拿起法经济学的理论武器，用学理提炼出的"效率"指标来丈量新政以来的诸多改革，政府以小为美的新思潮在法学院内不胫而走。一个新的宪制未来也许行将到来，只是当时还未水落石出，至此，"伟大一代"也走过了他们宪法学人生的上半场，在一个大江大河的时代，他们乘风破浪。

五

"忆往昔峥嵘岁月稠"，而文章到此必须打住了。

我把本文所述的时间下限定在1990年，"伟大一代"迈入知天命的年份，以这个年份为分界，这代人进入了他们的人生后半程——对此，我将另文处理。如果要有一点剧透，那就是有别于上半场的乘风破浪，他们的下半场却总在逆流而动：90年代揭开帷幕时，保守派大法官开始在最高法院夺权，逆取罗斯福新政以来的宪法解释路线；世纪之交，布什诉戈尔的判决让自由派学者心灰意冷，世间再无沃伦法院；自此后，宪法政治的"逆动"一步紧着一步，并未因学术阻击而放缓脚步：反恐战争爆发后，总统操持危机话语完成大扩权，"帝王总统"论实锤；两党政治愈发极化，"否决政体"困死了民主决策；贫富两极分化，但白人屌丝选民却成为"愤怒"工业的猎物，不顾阶级归属把票交给共和党，耳边响起"乡下人的悲歌"；直至特朗普在2016年当选总统，纵然学术光环等身，"伟大一代"还是在荣休前后被上了最后一堂宪法课。至此，新政自由主义，已从自己的大江大河衰退到残山剩水的局面，以新政为基础所生长出来的宪法学，已经难以继续同时代和政治共舞，变为了领略往昔宪法雄心的一个历史注释。

知其然更要知其所以然，故而读其文还要知其人。想当初，"伟大一代"乘风破浪，青春少年样样红，还记得我最初进入美国宪法研究这一领域时，读他们的文献就如同仰望星空，群星璀璨，只是今天再忆，却难免一种恍如隔世的感觉上头。时代如潮水退去，"伟大一代"的学术论证当然无力阻挡历史行程和政治浪潮，对于我们来说，它们成了一块又一块的"顽石",摸着它们,感受 20 世纪美国宪制秩序的余温。至于我们在此难以顾及的美国宪制在八零后的种种发展,至今正如歌里所唱,"我已经看见,一出悲剧正上演"——从前,我们读"总统是靠不住的",为美国宪法所感动,现在我们终于见识到靠不住的总统长什么样。当美国宪制褪去它的夺目光环时,对一段宪法学往事的梳理又有何意义呢?其实我也是写到这里才想明白,不再是主张美国宪制作为他山之石对我们的启示,也不再是简单地被美国宪法学所教导,成为传播异域宪法学、而非研究其宪制本身的"宪法学"学者,"伟大一代"对我们的启示就在于,他们把文章写在自己的祖国大地上,于他们而言,就是由新政所开启的一段具体的宪制秩序,这是历史进程所逼出的真学问,故而时代虽消退,但学术却长存。

别忘记把种子埋进土里。

美国的最大困境是都在制造"愤怒"

——《三联学术通迅》的七个问题

第一问：2008年到2010年，你曾在哥伦比亚大学法学院和耶鲁大学法学院有过两年的访学与就读经历。那时美国大学给你留下的印象是怎样的？

田雷：略显久远的事情了。我去美国是在2008年的9月，那时刚刚从香港博士毕业，我是在完成论文答辩之后的半个月后就到了美国，现在想起来，我当时的状态就是非常"自由"。因为一方面博士已经毕业了，已经不再是学生了，而另一方面我当时还没来得及在国内找教职，所以还不是老师，接近一个中间的漂移状态，没有机构约束，也没啥工作计划，总之现在压在青椒头上的若干座大山，我当时连点感觉都没有——回头想想也是种运气。我那时候连什么是"项目"都没点概念，后来要找工作填表时有项承担过什么项目，我就问啥是项目。后来觉得空着也不好，我就在表上写了正在组织布鲁斯·阿克曼著作的翻译，这个我记忆特别深。

我一开始到美国，设想就是在哥大法学院的中国法中心做一个学期的访问学者，就因为前面说的那种"漂移"状态吧，我后来又多逗留了一年半，先在哥大做满了一整年的访问学者，后来又到耶鲁法学院读了LLM的学位，也是一年。2010年回国后，我就没有再去过美国。两年的时间其实很短，英语还没说利索呢，就要打包行李回来了，我感觉其实我没什么资格来从我个人的"经历"谈美国大学，所以以下说的，就是题目中的"印象"，当时给我留下的、现在觉得还能说说的印象。

一个必须要说的，就是我觉得很幸运，那时候能拿到哥大或耶鲁的 offer，对于当时的我来说，一定是需要不小的运气的，感谢他们在许多份材料中挑出了我的申请。那两年的留美经历，虽然短暂，但也能"镀金"。而且就我来说，确实也不只是在学术履历上增添了光鲜的一两笔，对我来说，那像是一个没有博士后名称的"博士后"经历。第一年的访学比较轻松，听课读书都更随意些，我当时全程听了格林尼给 JD 一年级学生上的宪法课，当时选择跟他那门课，就是因为他是一位黑人教授。记得后来上到 11 月份时，奥巴马就当选总统了，格林尼那时候还是一位"青椒"，刚从耶鲁毕业又去最高法院做过大法官助理，我印象中他讲课没那么自信，就在讲台上来回踱步，声音也不大，不过十来年过去，他现在已经是很有成就的宪法教授了。第二年在耶鲁因为是读学位，就有了很多的约束，不过耶鲁的 LLM 学位也是众所周知的自由，其实在耶鲁读法律原本就是"自由"，没啥以学科之名而人为设置的疆界。在耶鲁那一年，当然是我跟阿克曼和阿玛上的课最多，阿克曼更热情，我一直都很感激他，他当时还建议我做中印宪法的比较研究。阿克曼的宪法研究对我影响很大，不只是简单地翻译或介绍，他实际上示范了一位宪法学者应当如何处理本国宪法发展的"历史"，读进去了，他的那套东西其实也可以作为我们研究宪法的方法。

我有些跑题了，讲的不是对美国高等教育的印象，而是自己的一些经历，可能真的是时间短，同时也有些久远了。其实这十多年变化很大，中国发展如此迅速，反过来，美国社会却暴露出各种各样当年我们不可想象的问题，甚至现在"也许还未到最坏的时候"，故而"黑"美国成为当前最不需要勇气和智慧的一件事，甚至是包赚不亏的生意。但就你这个问题来说，我觉得那两年的经历让我有非常多的收获，我有幸到了世界最顶尖的大学，那里有很多东西仍值得我们学习，也许这正有美国有趣的地方——相当一部分人的"反智"和少数学术精英在智识上的追求是同时并存的。

第二问：《娇惯的心灵》一书所描述的美国大学的现状，基于作者自 2013 年以来的观察。根据你自身的经验与观察，21 世纪的第二个十年，美国大学发生如此巨大变化的原因是什么？

田雷：关于美国大学的现状，《娇惯的心灵》有既广大又精微的望闻问切。作为译者，首先要做个澄清，这本书并不是那种 self-help 的心灵鸡汤书，当然书中包括了很多心理咨询意义上的实用建议，比如附录里的"认知行为疗法指南"——至于是不是有疗效，我在这里不敢打包票，但不妨一试。如果让我给这本书上架，我更倾向于把它归入"社会科学"类的作品。在翻译这本书时，我个人感到启发最大的地方在书的第三篇，两位作者分六章梳理了美国社会从政治、经济、育儿方式、高等教育、社会心理等方面的变化，用作者的话来说，他们在书中所要讲的故事是"一部社会科学的侦探小说，许多社会力量和历史进程的合流，制造了这次'犯罪'"。就这个工作来说，我认为两位作者各有所长，他们互相配合，把这本书写得既有料有趣，也有理有据。中文读者不妨去比较下，哪些变化和我们自己没关系，哪些变化在中国社会中也同样存在，搞不好甚至更严重，我们当前的教育是否也在以某些方式制造"娇惯的心灵"，我们能否从这本书中获得某些警示。在此意义上，我期待着这本书贡献出一个可以引发关注、凝聚议题的文本，也就是说，我们的社科研究者、大中小学的老师、为人父母者乃至每一位关心教育问题的读者都可以跟着这本书做些思考。这本书不仅是传授种种心理"how to"的"人间指南"，更是追踪、分析并呈现社会流变"how"的大历史写作。

好啦，广告做到这里。我把这本书的副标题译成"'钢铁'是怎么没有炼成的?"，当然是意译，原书的标题是"*How Good Intentions and Bad Ideas Are Setting Up a Generation for Failure*"，这个How所引出的问题细品很吓人，美国的大学生怎么正在成为"失败的一代"。书中有很多情节我译的时候就觉得已经很荒诞了，就是本来自己觉得是很懂美国的，但书中的故事却让我觉得不可思议，比如说，为什么大学生心灵如此脆弱，把他们不同意的观点表达视为对自己的伤害，从而坚信自己是绝对正确的，不同于我的就是异端邪说，不是要进行观点的交锋，而是要让他们闭嘴，甚至是让讲者在社会意义上"死亡"。比如说，我就对书中劝告要慎用的一个概念很有兴趣，就是"微侵犯"（microaggression）。在身份政治成为王道的美国社会中，这个概念具有惊人的传染力，而只要你把微侵犯当作自己的思维方法，那你会发现生活四处都是对你的"侵犯"，因为微侵犯是否成立，不必诉诸证据，而只要诉诸"我觉得"，逐渐也就制造出一种"受害者文化"，"弱势"成为最大的政治正确。

我上个问题提到，在哥大访问时曾上过格林尼教授的课，我知道这位黑人教授很快要出版一本新书 *How Rights Went Wrong: Why Our Obsession with Rights Is Tearing America Apart*，我觉得这是对美国社会以及大学问题的一个很好的诊断，至少从我最熟悉的法学层面上是这样。不是说权利不重要，不需要保护，而是若凡事都以"权利"思维去刨根究底，把权利泛化和绝对化，社会就有可能被撕裂。因为权利一定是会落实到个体的，权利也会不断增生，如果只要是我觉得、我选择或者我愿意，那么就都是应当被承认的，最终结果就会是没有什么权利是不可能的（nothing is impossible）。在这个问题上，美国最高法院要承担历史性的责任，对此，我们也要加以反思，这种权利为王（rights as trump）

的意识，我们曾经也是为之欢呼并接近全盘接受的，现在要能发现其问题所在。

第三问：大学校园之外，美国近年来爆发了各种激进的政治抗议，其在国际社会上的种种举措也频频引发争议。美国大学的困境与其政治现状两者之间的密切关系该如何理解？

田雷：我前几天主持了王希教授的一场在线讲座，他提到目前的美国是"危机的丰收"，也就是说，不是一个危机，而是多重危机在一个短时期内纷至沓来，叠加在一起，是"屋漏偏逢连夜雨"。尤其是在社交媒体的呈现上，看上去几乎就是危机四伏。我最近经常听到美国会不会爆发"内战"这样的问题，这问题让我无从答起，恐怕媒体的心态还是想要制造一个大新闻，通过贩卖危机来吸引眼球并赚取流量。针对你的问题，我觉得美国现在最大的困境是各种政治力量都在制造"愤怒"（rage），这就好比国内现在要推销什么，商人一定要贩卖焦虑，美国现在要实现选民的动员，你就要制造"愤怒"，不仅是因为只有愤怒了之后才会出去投票，也是因为只有让他们愤怒了，才能转移问题，混淆是非，让"乡下人"心甘情愿地把选票投给"财阀"。美国的选举民主是如何造就"财阀统治"和"民粹主义"的恶性组合的，是一个非常好的研究题目。公共场域充斥着情绪，我们这里是"买它买它买它"，美国现在是"选他选他选他"。

"愤怒"成了社交媒体上最大的情绪流量，大学在这种环境下就会很麻烦。翻译《娇惯的心灵》时，一处情节给我留下很深刻的印象，宾夕法尼亚大学法学院有一位女教授，艾米·瓦克斯，她在 2017 年有篇文章惹了很大的麻烦，文章的观点如果概括下就是，美国当今许多社会问题，比如失业、犯罪、吸毒、贫穷，一定程度上都根源于"中产阶级文化剧本"的消失。说得再通俗些，如果美国社会能多些"虎妈"，多些"直升机父母"，多些愿意也能够精心栽培子女的幸福家庭，那么很多社会问题就会得到解决，或者从一开始就不存在。这种观点当然可以商榷，现在是一位精英大学法学院的资深教授，对着没有接受过高等教育、挣扎在贫困线上的单亲妈妈说，你为什么不能像"虎妈"一样培养下一代呢？也就是说，恐怕瓦克斯教授的思考可能未必透彻，还没有追究到病根上，那些 losers 又何尝不想过中产阶级的生活？但问题在于，这种"不同的文化是不平等的"，在当前的美国政治以及校园里显然是犯了大忌的，于是作者收到的不是商榷文章，而是校友联合声明，声明中称该文示范了"异性恋、父权制、基于阶级的、白人至上的邪恶逻辑"。我前段时间还特意搜索了下这位教授，好像去年她又因为什么"出格"言论而招惹了新的麻烦。

说起来也很有意思，我记得刚学美国宪法那会儿，一度最喜欢读 20 世纪 80 年代"共和主义复兴"学派的文献，核心是通过公共辩论来改变偏好并凝聚共识，现在看来，事情却一步步糟糕到眼下的局面，哪里还有什么公共辩论呢？有的不过是两党极化、否决政治，舆论场也像"饭圈"一样，动辄就诛心或搞举报，失去了就事论事讨论问题的可能，不谈问题，只论"主义"。

第四问：新冠疫情下今年的美国大选，人们终于认识到"总统是靠不住的"。作为一个长期的美国问题观察者，你如何看待这次选举？

田雷：进入美国宪法研究这个领域，怎么算也都快 20 年了，可以说是"长期"了。不过作为美国问题的观察者，我最近越来越觉得自己已经有些落伍了。这个不是自谦，自媒体时代所要求的第一时间做出反应，一个大新闻发生后，比谁跑得最快，这个速度我是实在赶不上了。况且最近几年特朗普实在戏太多，跟着走恐怕难免被牵着鼻子走，我相对来说还是习惯于慢点写，先想清楚，等问题结束之后再动笔——可能我还赶上了上个时代月刊纸媒的尾巴，对我来说，我更习惯于那种速度。所以我几乎很少对美国现状发表什么个人看法，说真的是跟不上节奏，在"观察"上没有什么比较优势，我更喜欢讲些尘埃落定的历史故事，比如很荣幸即将在三联出版的《漫长的建国时刻：美国早期宪法史论纲》，时间下限就是林肯，所基于的材料都属于传世文献，就可以比较从容并且安稳地沉浸在里面，慢一些也没关系，也没人对你有快的期待。

回到你的问题，选举没几天了（或许这篇回答会在大选日推送?），我最近常说美国宪法目前处在一个"乱纪元"，因为总有朋友或学生期待我能多说两句，我就可以用"乱纪元"的修辞来搪塞，也掩盖自己没做功课的心虚，因为"乱纪元"就意味着测不准，谁都不知道问题会在哪个环节出现，只能问题出现后再告诉大家。回到美国的宪法体制来说，当然可以讲很多，其实很多人也都知道，比方说，选举团制度本身就是美国宪法中所规定的严重 bug，虽然建国之初构成了对小州的必要妥协以及对直接民主的某种制约，但两个多世纪后早已时过境迁，成为一不小心就会制造危机的"愚蠢"规则。如果放宽历史的视角，从我做宪法研究的角度来说，大致可以说美国的政治有些成于宪法，也败于宪法的意思。成于宪法就不多说了，无论如何，一部宪法管了两百多年，这是个了不起的成就，我们不能随意否认；但现在我们能感受到的都是这部宪法的失败，因为美国政治运转最基本的游戏规则都是这部宪法设定的，但这部两个多世纪的宪法已经失去了"与时俱进"的能力，从前面提到的选举团制度，到参议院的席位分配，大法官任期终身……问题就出自宪法文本内写着的白纸黑字的硬核规则，改又没法改，绕又绕不开，就好像这部宪法所设定的基本政治规则都已经高度"内卷"了，至少暂时看不到有任何体制内的力量可以取得修改宪法的领导权。在此意义上，虽然看上去"乱"，但多少还有些依"法"而乱的意思在，无论如何，这次总统大选一定会决定很多东西，其间的关键也许要若干年后才能看得清。说到这里，我想提醒大家，观察这次大选以及后续的各种可能争议还有一种"宪制"视角，我们不妨看看这个运转了两个多世纪的宪法体制能有多大的弹性以及包容力，如果说美国政治现在有"底线"，那这个底线确实也就是它的宪法了，在选举结束后，如果出现撕裂的政治力量都诉诸宪法时，这部宪法能不能挺住，由谁来发出最权威的声音，也许我们都可以去观察。

说到底，我还是习惯于回头看，我们现在预测这次大选，就好像在 1860 年或 1932 年预测大选一样，我不是说会有林肯或罗斯福出现，现在的两位老人一点都不像，不过现阶段确实是到了一个历史的转折点，用阿克曼的概念说，是一个宪法时刻，至于接下来的故事要怎么写，取决于未来的历史进程往哪个方向走了。

第五问：中国过去三十多年的历史，曾对美国及其所代表的政治、经济、文化等各方面有过倾慕、研究、学习，然而最近我们也在经历一种认识上的转折，不同的声音此起彼伏。到今天，"美国"作为一个研究对象，对于社会科学学者的意义是什么？

田雷：是啊，就像是"十年水流东，十年水流西"，处在这种认识上的转折，我们难免都有些懵，旧的美国观已经千疮百孔，再坚持下去就是嘴硬了，但又见不到新的共识，各种立场表现得非常撕裂。我们从前的美国观，在我看来，形成于改革开放历史阶段之初，那时候，解放思想很重要的战线就是重新睁开眼睛看世界，主要就是看美国。到了1987年，邓小平在北京会见美国前总统卡特时就说："人们往往把民主同美国联系起来，认为美国的制度是最理想的民主制度。我们不能搬你们的……中国如果照搬你们的多党竞选、三权鼎立那一套，肯定是动乱局面。"由此也足见当年的人们是多么推崇美国"那一套"。林达写《总统是靠不住的》，但没关系，还有多党竞选和三权鼎立，也就是说，宪法总是靠得住的。

这个转折目前仍处在进行中，它不应该也不可能一蹴而就，现在的感觉有些像是要来一场一百八十度的大转弯，上个阶段的美国观没法再立足，它把美国过于美化了，现在要把它所颠倒的再颠倒过来。只要稍加关注关于美国的新书，就能感受到这种"转折"，曾经是《光荣与梦想》，现在已经反转成了"新冠"元年的《美国真相》《重新认识美国》《美国怎么了?》。就我个人而言，我当然认为上一个阶段的美国观需要检讨，长久以来，我在国内学界都是以一个美国宪制批判者的角色而出现的，不过我也认为目前的这种"转折"来得过于凶猛，美国的衰变不是在一夜之间完成的，可我们认识上的转折似乎因特朗普和疫情的缘故而被高度压缩，就好像是一个"美国"在我们面前眼睁睁地垮掉一样。自媒体或短视频的呈现形式当然也有利于或者说要求这种

"压缩"，回到你这个问题，我自己觉得，国内的美国研究者应当做出些东西出来，不能任由自媒体或短视频接管解读或观察美国的任务。

关于"美国"作为一个研究对象，对于社科学者的意义，我去年暑假曾写过一篇文章，里面有过我当时对这个问题的一些思考，现在也没怎么变，我把里面的一句话摘出来：

> "美国"，一旦为我们所重新看见，也构成了我们的一种方法论。也就是说，正因为美国在某些方面的"发达"，它已经把问题活生生甚至血淋淋地呈现出来，这样的美国构成了一种可做人类学观察的社会样本，让我们可以知道要对什么"说不"。

第六问：你主持的"雅理译丛"最初关注法学专业的相关书籍，最近则越来越多地转向现实中的教育与政治问题，这一选择的背后是否与你个人的研究心态的转变有关？

田雷：感谢关注"雅理译丛"，我们最近两年有些停顿，《娇惯的心灵》能在三联出，是我们这套书的一次再出发吧。经过前面挺长一段时间的"流浪"，我们现在同好几家出版社建立起新的合作关系，对我来说，这是一种很值得期待的新模式。

"雅理译丛"最早开始启动，是在 2012 年秋，那时候的想法很小，基本就是你说的，主要关注法学专业的书籍——毕竟，我也不懂其他的。后来，倒也不是一步就转向了现实的教育或政治问题，当然我也知道，雅理在这方面出的书受到的关注更多，能见度高，销量也好。就我个人来说，我则是既想做点有意思的翻译，又很自觉地不想翻译本专业的书，所以就有了《我们的孩子》还有《娇惯的心灵》，反正翻译也不算成果，自己开心最重要。其实现在，雅理的选书方向变得更"杂乱"，我们始终在摸索中，如果这中间有我个人的"选择"的话，我觉得倒不是研究心态，而更多是基于我自己的性格以及个人成长经历。我是1981年出生的，属于八十年代新一辈，最近因为研究八二宪法以及"一国两制"，我看了很多当年的文献和资料，这让我对目前雅理选书的不拘一格有了一种更有意思的解释。目前在做这套书时，我总觉得自己有种"改革开放"的态度，总之就是摸着石头过河，胆子要大，步子要稳，走得通就走，走不通就调头，没有什么蓝图，一切看实践，至于能不能杀出一条血路来，我自己也不强求，因为这不仅取决于个人的努力，还有历史的行程。

第七问：请从一个"出版人"的角度，谈谈你对中国社会科学研究者的期待。

田雷：在三联面前，以"出版人"自居，那就是造次了。更何况，一个人要知道自己的斤两，我确实参与了出版，而且还把出版人比较光鲜的那一面给占了，必要时还得抛头露面做些吆喝，但一本书的编辑流程，尤其是那些辛苦但却不露面的工作，却大都交给了我的合作者，必须要感谢他们。凡是我参与出版的书，在同译者或作者打交道时，我都挺谨慎的，哪怕是更年轻的学者，甚至是我的学生，我都非常尊重。在因出版而交往时，我觉得自己就是一个编外的编辑，不是教授。这些年，因为兼职出版，也同很多朋友一起经历了很多事情，现在回头看，最近几年出版的每一本书，背后都有故事可以讲。如果不是这些经历，如果我只待在书斋里，成天只是在自己的领域内写论文，那个"我"一定比现在要狭隘许多，很可能我就会局限在自己的小环境里，人到中年，天天为"卷还是不卷"而纠结着。这么说，出版对我来说构成了一个随时可以打开然后进到里面的广阔天地，2019 年秋季我在北大文研院访问时，听王汎森先生的讲座《历史是扩充心量之学》，对我来说，出版这件事也是扩充心量的工作。

我不敢说自己对中国社会科学研究者有什么期待，你越是问我，我越觉得自己没资格说这个题目。我换个角度来回答吧。我现在参与的出版，主要还是做译著，所以我很日常的一个工作就是看英文书，尤其是美国出版社刚出甚至还没出的一些书稿。决定是不是要做一本书，现在要考虑很多的因素，故而我现在过眼的新书很多，最终能做成的恐怕连十分之一也不到。所以我这几年看了很多五花八门的英文社科书，好像哪个学科的都有，我的同行看书是为了做研究，我看书是为了选书，也看了很多只做专业研究压根不用碰的书。我最基本的一个感受是，至少以我们初步筛选后要来书稿的那些著作为样本，美国社会科学还是很有一套的：学术规范上做得很严格，作者在写作时心里能装着读者，史学、社会学、人类学的叙事和文笔都可圈可点，内容来自长期的田野调查或档案研究，社科学者都有很强的社会责任感。这么说来，中美之间有一个很有悖论的对比：美国社会现在病症缠身，不过板子不应该打在他们的社会科学上，他们该说的也基本都说了；中国社会这些年来这么多进步，其实功劳也同我们的学者没啥关系，我们现在恐怕还没能找到一个适当的立场和角度去理解中国所发生的一切。如此说来，中国社会科学的学者也许还应该再开放些，我们看看美国同行是怎么讲述历史和批判社会的，对我们这个阶段仍有启发。

谢谢三联！

致　谢

终于可以为这本书收尾了，搁在最后面还能再说些什么呢，思来想去，就在这里分享一点我最近总在推销的想法吧。长话短说，其实很简单，就是文科学者当前一定要重新理解书的价值和意义。已经有相当长的一段时间了，提起书，我们能想到的也就是一种有书号的纸质出版物，在属于文科的许多学科领域内，书只是在前一阶段发表论文的合订本，是高校学者在职称晋升时要达标的一类成果要求，是同出版社甲方的一张合同，在这样的流水线上，书是不被期待的，同时我们也忘记了书的力量。

当我还是一位县中学生的时候，说起来要回到上世纪的 90 年代了，小镇做题的平常日子里，我最期盼的事，就是在新华书店音像柜台买到一盘新的流行歌曲磁带了，9.8 元的定价当时来说是笔不小的开支，不过现在想来，那些整整齐齐摆满几大抽屉的磁带，对我来说属于相当成功的文化投资了，我从中触及到一些不属于县城当地文化的东西，用现在的话来说，就是某种诗与远方。

甚至不仅如此，潜移默化之中，磁带这种音乐的载体，教会我一种整体的观念，一种方法论的系统观。听过磁带的朋友们都知道，一盘磁带，有 AB 两面，通常每面五首歌，每首歌也因此有一个对应顺位的编号；进而我们应该还记得，正版的磁带，不是那种金曲的杂烩拼盘，我们当年称之为"专辑"，专辑就意味着它是一个整体，整盘磁带的歌曲相互关联，从 A1 到 B5，顺序不可随意调换，那些创作型的歌手甚至会推出被称为概念主义的专辑，偶尔会在专辑的某个特别位置恰当地埋下彩蛋一般的装置——我在高中时开始努力去听这类专辑，用这种方式来找寻一点的文化优越感；专辑的整体性，从当年听磁带的经验中也能有所把握，比如，我们只能按专辑设定的顺序来听，要想听后面五首歌，必须要翻面，一张专辑好听的主打歌大都有固定的位置，要想重新听或反复听一首歌，我们要学会精准地快进或倒带……我们当年想象不到未来的便捷，故而也不以这种繁琐为烦，一遍遍地快进或倒带之中，我们学会了耐心，锻炼了专注，也体验着对偏差的容忍。

　　一本书，恰如一张专辑。有学术分量的书，应当像一张经典的专辑，有抱负的学者在写作时，应当想着我们也是在创作自己的《之乎者也》《一无所有》，要有这样的学术理想，对虽不能至的境界保持某种心向往之。正如经典专辑并不是口水歌的拼盘，好书或说真正的书，也不应该就是论文的简单合订，不能只是我们发给编辑的 word 文档加上出版社的书号而已。从听者或读者的角度来说，差异或许更深远，一张专辑不可能曲曲主打，句句 hit，总有几首歌听着沉闷但尚且能容忍或者不妨多听几遍，而整体性很多时候恰恰在于这些高潮之间的连接、过渡和留白，我们要学会整体去理解它们。书也是如此，书比论文更厚实，有些学术著作也难免晦涩，但读书的过程不是金句摘录或关键词检索，它需要读者经常感到困惑但仍有兴致，乏味但还能坚持，我不反对电子榨菜，但却固执地相信，那种绘制好的思维导图，那些教你十分钟读懂一本书的"拆书"套路，都是另一种无形的思想枷锁。

本书勉强可以算作一张我的个人"专辑"。书里收录的多数文章最初都以"单曲"的形式出现过，回溯这些篇目的写作以及发表，整本书拉开了一个相当漫长的时间跨度，写最早一篇时我还是一位在香港读书的博士生，"光荣与梦想"的叙事余韵，正是彼时知识界的潮流，而构成专辑之主打的核心篇目，则是在 2018 年之后陆续完成的，"美国怎么了"已经成为时代"千万次的问"，我作为一位专业研究者同样心里满是困惑，写作在此只是自我整理并答疑解惑的一种方法。也是从这些核心篇目中，我逼问出"美国折叠"这个概念，由此书名而设计整本书的内容和构造，一方面是收入哪些文章，而从一位创作者的角度来看，更重要的其实在于另一方面，也即不收入哪些文章，历史的进程图穷匕见，时过境迁之后，总有一些旧作重读时让人脸红心跳，也总有一些论述现在看是如此不得要领，正是一轮又一轮地不断删与削，才琢磨出这本书目前的这般模样。

对于作者来说，专辑作为比喻也是一种提醒，书之成书，绝不是"我"一人之力就能生产出来，作者所能认领的，其实仅限于文字以及思考的知识产权。写作的齿轮开始转动，直至作为实物的书送达读者手中，书的形态有多立体，其生产的过程就有多复杂，书的作者也因此要明白，文责必须自负，但书之片刻光荣却要同其制作生产过程中不同环节的助产士来共享，一本书，就此而言，应是"我们的孩子"。写到这里，我脑海闪过一帧画面：一张专辑被宣布得奖，歌手上台发表感言，这种场面，前些年没少在电视里见到过，他们通常要感谢唱片公司、专辑的制作人、词曲作者……当然还有评委，而作者对自己的书也应当如此理解，书并不只是一张出版合同的标的物，由作者出资，交出版社生产，真正的书，都产生在一个绵延的思想过程之中，它在讲故事的同时也有自己的故事可以讲。

写在最后：

一本书可以出版，已经是阶段性的成功，能成为作者，于我等普通人而言也是莫大的幸运，接下来留给致谢。感谢上海交通大学出版社的易文娟女士以及她的团队，克服了出版过程中的各种不确定，她们赋予我的文字以书的实体，是这本书的制作人；一如既往，我要感谢刘海光先生，他是"雅理"这个文化品牌在出版端的操盘手，没有他的辛劳，"雅理"只能是我的异想天开而已；本书大多篇目曾先后以"单曲"的方式发行过，《书城》《读书》《探索与争鸣》《东方学刊》等刊物不止一次提供稀缺的版面，感谢这些刊物以及编辑的深情厚谊；在此致敬甘阳、王希、毛尖、章永乐四位老师，多年以来，他们以不同的方式助推着我为学的道路，希望有一天我也能完成《将错就错》《原则与妥协》《凛冬将至》《旧邦新造》这样的经典"专辑"，还要特别致敬并致谢唐晓峰老师，我只在电影《中国合伙人》中见到过教授本人，大银幕上他的"今日美国讲座"是我心中的经典"名场面"，也如影片收尾时唱的"流水它带走光阴的故事"，时间永不停息，美国的"今日"也在不断叠加，希望未来我能有机会不再空谈方法，继续这场"讲座"；书当然要靠衣装，感谢本书封面设计陈威伸先生，本书能长什么样子，取决于他的手笔。

最近网上到处是"命运的齿轮开始转动"，这些年介入出版业愈深，也愈发体会到书也各有自己的命运：总有书受万千瞩目，大多数则无人问津，还有些难产甚至"胎死腹中"。本书接下来如何"转动"，取决于读者朋友们，你们是它的"评委"，感谢你们！

下一张"专辑"，再见！

2023 年 8 月 6 日